もう一歩上を目指す
人のための

集団認知行動療法
治療者マニュアル

中島美鈴・藤澤大介・松永美希・大谷 真 編著

Ψ
金剛出版

目　次

本書の使い方

中島美鈴

　本書が生まれた背景には，このようなことがありました。

　さかのぼること，2009年のことです。グループで自分の体験を話すことで，共感し合い，今つまずいている問題が少しでも軽くなるようなヒントを得られることに魅力を感じた心の専門家たちが集まって，集団認知行動療法研究会が作られました。この研究会では，当初うつ病の患者さんを対象にした集団認知行動療法の普及を目指し，2年に一度程度の間隔で福岡，札幌，東京，名古屋，仙台において，集団認知行動療法の基本的なスキルを習得するための1日研修会を開催してきました。その研修会には，医療・福祉分野だけでなく，産業や教育，司法・矯正分野などさまざまな職種や領域の方が参加していました。その甲斐あって，2020年現在では，11年前とは比較にならないほど集団認知行動療法が普及しました。普及するにつれて，このような声も聞こえてきました。「うつ病の患者さんだけでなく，他のいろんな患者さんを対象にした集団認知行動療法のやり方を教えて欲しい」，「自分には問題がないと思っていて，周囲の人に無理に連れてこられた方がグループに参加する時に，どのようにしたらいいか？」，「知的な問題がある場合にはどのような工夫をしたらいいか？」などです。

　こうした声に応えるため，研究会では2016年に新しいプロジェクトチームを結成しました。それは，「集団認知行動療法の治療者にはどのような技能が必要なのかをきちんとまとめよう。そのうえで，治療者の技能を評価できるような尺度を作ろう。そして，治療者の質を高める教育研修をしていこう」という目的意識のもと結成されたものでした。プロジェクトチームでは，まず治療者に必要な技能をマニュアルにまとめ，どんな疾患にも，どんな問題にも，どんな現場の集団認知行動療法にも対応できるようなマニュアルを目指しました。そして，とにかく初心者にはわかりやすく，かつ，困難な事例にも対応できるよう，何度も話し合いを重ねてブラッシュアップをしました。

　2018年からは，そのマニュアルに記載された臨床スキルを評価するための尺度作りに着手しました。2020年現在は，教育研修プログラムの開発に取り組んでいるところです。こうした成果を，集団認知行動療法研究会学術総会や認知療法学会や 9th World

Congress of Behavioral and Cognitive Therapies で発表したところ，非常に大きな反響が得られました。特に医師や看護師，心理士などの対人援助職の養成にたずさわる大学の先生方からは「マニュアルと治療者評価尺度を早く出版してほしい。大学で使いたい」と熱心にお声がけいただきました。マニュアルや尺度だけでなく，本書では現場からも多くの先生方から原稿を頂戴し，こうした形でお届けできることを嬉しく思っております。

　本書は，次のような活用ができます。

活用方法：
　①本書を読むことで，集団認知行動療法の進め方を学ぶ
　②治療者評価尺度をスーパービジョンで用い，セラピストのトレーニングをする
　③治療者評価尺度や解説を読んで，日々の自分の臨床の自己点検をする

　本書を隅々までご活用いただき，集団認知行動療法を実り多いものにしていただければ幸いです。

第 1 部

1 集団認知行動療法の治療者に求められるもの

木も見て森も見る

藤澤大介

　集団認知行動療法は，個人認知行動療法よりも習得が簡単だと思われていることが多いようです。たしかに，「型どおりのやり方を一通り身につける」ことだけを目標にするならば，個人療法よりとっつきやすいかもしれません。しかし，より上のレベルを目指すためには，個人認知行動療法より一歩上の能力が求められるのです。

　認知行動療法のセラピストに求められる能力は，図1-1のようにまとめることができます。

　土台となる「すべての精神療法に共通する必須能力」は，患者さんと良質な治療同盟（信頼関係，パートナーシップ）を結ぶ能力のことです。それには，支持・共感的に患者さんに接し，治療目標を共有しながら協力的に課題に取り組むことを含みます。

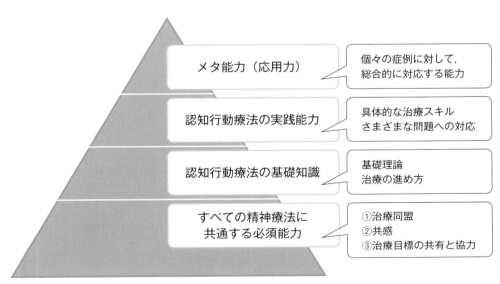

KuykenW. Collaborative Case Conceptualization. 2002 より筆者が作成

図 1-1　認知行動療法で習得すべき能力

　集団療法の参加者全体（以下，"グループ"と呼ぶ）に対して「ほどほどに支持的に」接することは，良識あるセラピストにとってそれほど難しいことではありません。しかし，グループ全体のマネジメントと個々の参加者への配慮とを両立させるには一定の熟練が必要です。たとえば，一人の参加者に共感的に対応しすぎるあまり，プログラムの進行が滞ってしまったり，他の参加者からマイナス感情を持たれていたりするケースがあります。逆に，プログラムを予定通り進行することに執心しすぎている治療者，あるいは，"カリスマ的な"治療者は，グループ全体を一定の方向にリードしようという気持ちが強すぎて，個々の参加者の声に耳を傾けられないことがあります。グループ全体と個々の参加者に対してバランスよく気配りすることが大切です。

　集団認知行動療法における「すべての精神療法に共通する必須能力」の具体的なあり方は，第3章の集団認知行動療法治療者評価尺度の「フィードバック」「理解力」「対人能力」（第2〜4項目）に詳述されています。

　習得すべき第2レベルの「認知行動療法の基礎知識」とは，理論やスキルを「頭で理解する」ことを指し，第3レベルの「認知行動療法の実践能力」とは，患者さんに対して理論を適切に説明したり，スキルを適用したりする「行動レベルの能力」を指します。セラピストは，書籍や講義で第2レベルを習得した後，自分自身でツールを使ったり，同僚や友人相手にロールプレイをしたりしながら，第3レベルの能力を身につけていきます。

　個人認知行動療法では，第3レベルが十分に習得できてはじめて，患者さんを相手に認知行動療法を実施できるようになります（困ったことに，臨床現場では，第3レベルはおろか，第1，第2レベルもおぼつかないセラピストが患者さん相手に認知行動療法を始めてしまうケースが散見されますが）。一方，集団認知行動療法では，第2レベルまで習得できたら，補助スタッフとしてプログラムに参加し，主セラピスト（リーダー）の振る舞いを生で見て学び，副セラピスト（コリーダー）として介入の一部を分担しながら，第3レベルの能力を習得していくことができます。集団認知行動療法は，各セッションの進行が固定されている分，第2〜第3レベル間のハードルが個人認知行動療法と比べて低く，比較的早く主セラピストを務めることができる可能性があります（先輩セラピストが副セラピストとしてサポートするという前提ですが）。つまり，集団認知行動療法評価尺度は，初学者が主セラピストとしてデビューするタイミングを計る最適なツールとなるでしょう。

　習得すべき第4レベルの能力は，個々の症例に総合的に対応する「メタ能力（応用力）」です。メタ能力には，症例に対する十分な見立て（アセスメント，概念化）が必須ですが，集団認知行動療法においては，個々の参加者に関する見立てに加えて，グループ全体に関する見立ても必要です。グループの特性に合わせて，介入のペース，深度，焦点を当てるポイントなどを調整していきます。特定の参加者に照準を合わせすぎると，他の参加者のニーズに合わなくなってしまう可能性があるので，注意が必要です。

　メタ能力が特に発揮されるのは，参加者の発言に対応したり，質問に答えたりする場面

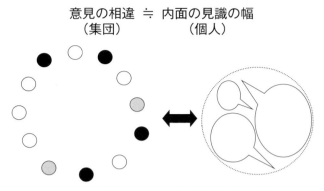

図 1-2　集団のあり方と個人の心の中

でしょう。メタ能力が身についている集団認知行動療法のセラピストは，どの参加者のどの発言にフォーカスを当てるのか，グループ全体の見立てを踏まえて考えることでしょう。あるいは，一人の参加者の質問に対して，その参加者個人に誠実に対応すると同時に「どのように回答すると他の参加者にも好ましい影響を与えられるか」を考えるのです。

　最後に，「グループを生かす」ことについて触れます。個々の参加者と，全体としてのグループは，相互に影響しあっています。個々の参加者は，グループ全体の“空気”を個人内に取り入れながら，同時にグループの“空気”を形作っているのです。個人の心の内面は集団に反映され，集団のあり方は個人の心に取り込まれていきます（図 1-2）。

　健全なグループでは，グループ内にさまざまな意見の人が存在し，主流以外の意見も尊重されます。単一の考えしか持てないグループや，他の考えを認めない（排除したり敵視したりする）グループは危険であり，変化に脆弱です。個人の内界も同様で，レジリエンスの高い人は，さまざまな考えを内包しながら，その時々の状況にもっとも適応的な考えを選択することができます。「グループを生かす」ことに長けたセラピストは，グループ全体のあり方（集団力動）を見立て，一面的な意見が支配することのないようにグループを整えることを通じて，参加者個々人の心の内面を耕していくのです。

　まとめると，集団認知行動療法のセラピストには，グループ全体をマネジメントしながら，同時に個々の参加者の利を最大化するよう努めることが期待されます。熟練したセラピストは，個々の参加者個人に働きかけることを通じてグループを整え，さらにグループの力を個々の参加者の治療に活かしていきます。「木を見て森を見ず」でも「森を見て木を見ず」でもなく，「木も見て森も見る」，それが集団療法の醍醐味であり，集団の利点を最大限に活かすあり方でしょう。

2 集団認知行動療法の学び方

松永美希

　集団認知行動療法を始めるに当たって，どのように学んだらよいのかという質問を受けることがあります。私の答えは，「認知行動療法」と「集団療法」をそれぞれ学び，体験してから集団認知行動療法を実施するのがよいと思っています。また集団認知行動療法は，個人の認知行動療法と同様に，参加者がセッションの中で新しい振る舞いや考え方を「体験」することを重視するため，リーダーやコリーダーがどのようにそのような体験を引き出すのかについては，実際の集団認知行動療法を見学したり，ワークショップに参加してロールプレイを行ったりして，治療者自身も「体験的」に学ぶことが望ましいと思っています。ここでは，その理由について述べていきます。

I　個人に対する認知行動療法の経験

　近年，認知行動療法に関する書籍は数多く出版されていますし，研修会やワークショップも数多く開催されています。認知行動療法の基本的な理論や技法は，そこから学ぶことができるでしょう。

　藤澤（2012）は，英国の訓練を参考に，認知行動療法の治療者が習得すべき能力を次の4つのレベルに分類しています（図2-1）。

　レベル1〜2については，講義や文献学習，陪席，ロールプレイにて学ぶことができるとされており，レベル3〜4については実症例の経験が必要であり，スーパーヴィジョンや症例検討を習得することが推奨されています。

　集団認知行動療法をはじめるに当たっては，レベル1〜2は必ず押さえておく必要がありますし，できればレベル3〜4に達しておくことが望ましいでしょう。と言いますのは，集団認知行動療法においても，個人対象の認知行動療法同様に，個々のメンバーの問題を概念化したり，ケース・フォーミレーションする能力が必要とされるからです。認知的概念化とは，メンバーの問題を認知・行動理論の枠組みでとらえることであり，ケース・フォー

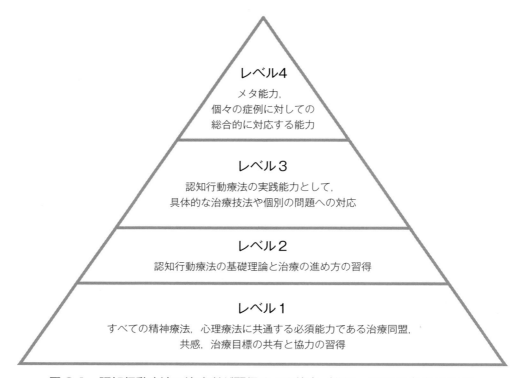

図 2-1　認知行動療法の治療者が習得すべき能力（藤澤，2012 を参考に作成）

ミレーションとはそのような認知・行動的な理解をもとにどのような方針でかかわっていくとよいのかについて考えることです。

　たとえば，集団形式で認知再構成法を実施する場合，個々のメンバーがどのような認知の特徴（認知の歪み）を持っており，それが対人関係の葛藤など現在の問題にどのように関連しているのか，そしてそのような認知の特徴をどのように再構成していくのかについて，治療者が一定の見立てや方針を持って集団認知行動療法を進めていくほうが効果的です。またできれば，そのような見立てや方針をメンバー自身やグループ内で共有できると，メンバーの理解度や納得度も高まるでしょう。

　メンバーの理解度や納得度を高めることは，グループでの話し合いを活性化させますし，リーダーや他のメンバーへの信頼や魅力も高まります。したがって，個々の症例に対応する能力を持っておくことは，集団療法としてのメリットを高めることにもなるのです。

　認知行動療法の研修やスーパーヴィジョンについては，厚生労働省の研修事業や，関連学会（日本認知・行動療法学会，日本認知療法・認知行動療法学会）主催のワークショップや資格研修制度を利用するとよいでしょう。

個人の認知行動療法の研修に関する参考リンク（2020年9月現在）

厚生労働省の認知行動療法研修事業

　うつ病を対象にした個人の認知療法・認知行動療法について学ぶことができます。2日間のワークショップは，うつ病の認知療法・認知行動療法ワークショップ（2日間）およびセッションの録音に基づくスーパービジョン（16セッション）およびブラッシュアップのためのワークショップ（1日間）で構成されており，手厚い研修制度になっています。最新の研修計画については，毎年度更新されますので「厚生労働省」「認知行動療法研修事業」などのキーワードで検索してお調べ下さい。

■「令和元年度 認知行動療法研修事業ワークショップ募集要綱」（厚生労働省ホームページ内）
https://www.mhlw.go.jp/stf/seisakunitsuite/bunya/0000209742_00007.html

■一般社団法人認知・行動療法学会ホームページ
http://jabt.umin.ne.jp/

■日本認知療法・認知行動療法学会ホームページ
http://jact.umin.jp/

Ⅱ　集団療法の効果に影響する要因を理解しておく

　集団療法は歴史の長い心理療法です。古くは，モレノ（Moreno, J.L.）の心理劇に始まり，ロジャーズ（Rogers, C.R.）のエンカウンターグループ，リバーマン（Liberman, R.P.）のソーシャルスキルトレーニング（SST）などさまざまな種類の集団療法が発展してきました。日本では，特に，メンバーが主訴を中心として自由連想法的に話し合いを進めていく，精神分析的集団療法が実施されてきた経緯があります。集団認知行動療法以外の集団療法についても経験があると，集団療法のイメージを持つこともでき，集団認知行動療法の実施もスムースかもしれません。しかし，働く施設や経験年数によっては，集団認知行動療法が「はじめての集団療法」の経験という場合も多いでしょう。

　集団療法の効果機序として，「凝集性」は最も重視されています。グループの凝集性とは，グループ全体の相互の好感と信頼，支持，世話，グループとしての「作業」の関与によってとらえられるグループレベルの魅力や親和性のような特徴に焦点を当てたもの（American Group Psychotherapy Association, 2007；西村・藤訳, 2014）とされています。凝集性を高めることは，ドロップアウトを防止するとともに，メンバー同士の話し合

いや交流を活性化させ，症状の改善につながるとされています。実際に，バーリンゲイムら（Burlingame et al., 2011）によると，メタ分析の結果，凝集性と集団のアウトカムには，中程度の相関（r=.25）があるとされています。

　一方で，どのような人にも集団認知行動療法が効果的ということではありません。集団活動に不向きなパーソナリティ傾向（たとえば，境界性パーソナリティ障害など）の人が集団に入ってしまうと，集団の凝集性を高くすることが難しくなることがあります。また社交不安など対人緊張が高い人も，集団での活動には不安が高いため，事前面談を行うなどフォローが必要です。また参加者の選定については，「うつ病」，「ADHD」，「薬物使用」など同一の疾患や問題に悩む人たちを集めたほうが共通点を見つけやすく，凝集性が高くなります。

Ⅲ　集団認知行動療法を体験的に学ぶ必要性

　集団認知行動療法は，プログラムも構造化されており，各回でどのような内容を扱うのかは比較的わかりやすくなっています。しかしながら，そのような内容をメンバーの反応を引き出しながら，そして，個々の問題に照らし合わせて，新しい振る舞いや考え方を体験できるように進めていくことはなかなか難しいところです。

　最もお勧めの方法は，コリーダーやスタッフとして集団認知行動療法に参加し，リーダーの動きを学ぶことです。それ以外には，自分たちで集団認知行動療法をロールプレイすること，他のクリニックや施設で実施されている集団認知行動療法を見学するのもいいかもしれません。体験的に学ぶことにはいくつかの利点があると思いますが，紙面の関係上，ここでは2点を挙げておきます。

　まず，集団認知行動療法の醍醐味は，メンバー同士の関係性を活かして，新しい振る舞いや考え方を学習できるということにあります。その醍醐味を十分に発揮するためにも，治療者自身が集団の力動を体験しておくと良いと思います。リーダーやメンバー同士との関係性によって，集団内でどのような感情や考えが浮かびやすくなるのか，そしてそのような時にどのような行動が生じやすいのか，治療者自身がロールプレイなどを通じて，集団における認知・気分・行動を体験しておくことは，自分が治療者となった時にもメンバーや集団を理解するうえで役に立つでしょう。また，各メンバーの反応を引き出すためにリーダーやコリーダーがどのような声かけや質問を投げかけているのか，スタッフの動きについても体験による学びは大きいと思います。

　もう一つは，治療過程とともに集団の力動や関係性が変化することを体験することです。治療過程の初期は，集団内の緊張が高いので，個人ワークを中心に進めたり，リーダーがメンバーの発言を引き出すように，ある程度教育的に説明して進めていくことが大事にな

ります。またリーダーはメンバーの個人目標を探り，メンバー間の目標や問題における共通点を見出すことがよい（American Group Psychotherapy Association, 2007；西村・藤訳, 2014）とされています。また治療中期では，集団が発達していくとともに，メンバー間でちょっとした意見の違いや対立が見られることもあります。リーダーは意見の違いによる否定的感情もうまく活用しながら，それらを各メンバーが解決できるように促したり，集団の目標を再度意識させてグループへの信頼や凝集性を高めていけるように努力します。終盤になると，集団が成熟し，リーダーの発言がなくてもお互いの良い点を認め合ったり，モデリングをし合うようになります。このような一連の治療過程に対して事前にイメージを持っておくことは，それぞれの過程でどのような変化がグループに起こっているのかを推測し，適切に対応していくためにも重要であろうと思います。

集団の認知行動療法の研修に関する参考リンク

■集団認知行動療法研究会ホームページ

　うつ病を対象にした集団認知行動療法を基礎から学ぶ基礎研修会，さまざまな疾患や障害，問題に対応するための中級研修会および学術総会を行っています。

　https://cbgt.org/

・・・　引用文献　・・・

The American Group Psychotherapy Association（2007）Clinical Practice Guidelines for Group Psychotherapy（西村馨・藤信子訳（2014）集団精神療法実践ガイドライン．創元社）

Burlingame, G. M., McClendon, D. T., & Alonso, J. (2011) Cohesion in group therapy. Psychotherapy, 48 (1), 34-42.

藤澤大介（2012）精神科専門療法の教育研修に関する取り組み―認知行動療法．精神神経学雑誌, 114, 14-20.

3 集団認知行動療法治療者尺度（G-CTS）

中島美鈴

　集団認知行動療法を実施する時，「これで合っているのかな？」と不安になることがあるかもしれません。また，参加者からの発言がなくしーんとしたり，症状がよくなっていかなかったりすると，「なんでうまくいかないんだろう」と自問自答することもあるかもしれません。こうした際に，集団認知行動療法を実施する治療者がどのような点に気をつけてグループを進行すればいいのかのポイントをまとめたものがあればよいと思いませんか。こうしたコンセプトに基づいて，集団認知行動療法治療者評価尺度は作られました。

　認知行動療法の実施に関する臨床スキルを評価するための尺度は，認知行動療法を学ぶための教育研修を評価するツールとなり，日常臨床における治療の質を確保する手段となります。また，進行中の治療の自己反省を促進し，臨床試験における治療の質を担保するために不可欠である（Dobson & Singer, 2005 ; Laireiter & Willutzki, 2003 ; McHugh & Barlow, 2010 ; Weck, Bohn, Ginzburg & Ulrich, 2011）と言われています。

　うつ病や不安障害，発達障害や復職を目指す人たちなど多くの疾患や障害や問題を対象にした幅広い集団認知行動療法の治療者を評価する尺度は，筆者の知る限りこれまで開発されていません。しかし，少し視野を広げてみると，集団精神療法の分野では多くの治療者に求められるスキルについての知見が蓄積されてきました。

　たとえばリバーマンら（Lieberman, Yalom & Mile, 1973）は，因子分析を用いて，運営機能，思いやり，情報的刺激，意味帰属のグループリーダーの４つの基本的な機能を見出しています。また，ホワイト（White, 2000）は，集団認知行動療法において治療者に必要なスキルとして，①積極的参加モデルとなること，②個々の参加者の違いへの許容とオープンな態度，③共同作業とソクラテス的対話，④「私たち」という言葉を用いて体験の普遍性を伝えること，の４つを挙げています。またビーリングら（Bieling, Mccabe & Antony, 2006）は，集団認知行動療法の治療者に求められるスキルとして，認知行動療法の原則である共同経験主義を誘導による発見およびソクラテス的質問によって具体化すること，グループプロセスに対して常に注意して参加者同士の関係性を観察すること，オープンであることを励ますこと，参加者同士の支持的で治療的なフィードバックを励ますこ

と，グループのアジェンダ進行に責任を持つこと，温かさや共感を示したり方向付けたりしながらグループの凝集性や学習を高めること，グループ内で何かトラブルが起こった時には解決すること，グループの発達段階に注意しながらグループダイナミクスや参加者の自主性を尊重することを挙げています。

　集団認知行動療法を実施する治療者には，以上のように，多様な臨床スキルが求められており，その範囲は，認知行動療法独自の技法だけでなく，集団療法全般に共通する集団を扱うスキル全般を含むようです。こうした，幅広い臨床スキルを網羅して開発されたのが，「集団認知行動療法治療者評価尺度」です。

　集団認知行動療法評価尺度の作成に当たり，個別の認知行動療法の治療者の臨床上の実践を評価するものの中で，最も広く使用されているのが，CTS（認知行動療法治療者評価尺度）および CTS の改訂版（Blackburn et al., 2001）です。CTS は，アジェンダの設定やクライエントの問題への理解力など認知行動療法に必要なスキル（11 項目）から構成されています。実際のケースの録画や録音をもとにそれぞれの項目ごとに 7 段階（0〜6 点）で評定し，治療者の教育研修において国際的に用いられているものです。米国の Academy of Cognitive Therapy では，認知行動療法の資格認定の要件の一つとして定められているケースの録画や録音に対する評価にも CTS が用いられています。日本においても，2010 年より厚生労働省科学研究事業「精神療法の有効性の確立と普及に関する研究（主任研究者：大野裕）」による，個別形式のうつ病の認知行動療法の教育研修で CTS の日本語版が用いられています。

　そのような事情を踏まえ，集団認知行動療法治療者評価尺度の作成においても，CTS をベースに集団独自のスキルを追加し，集団認知行動療法の治療者の臨床技術を行動面から具体的に評価するチェックリストを作成し，そのチェックリストの達成の度合いによって評価できるように工夫しました。次のページから評価マニュアルおよび尺度の解説を記載しています。初心者の方は，これから身につけるべきスキルの指針としてお読み下さい。すでにグループの経験が豊富な方は，日頃の臨床の自己チェックとしてお読みいただければと思います。

・・・ 引用文献 ・・・

Bieling, P. J., Mccabe, R. E., & Antony, M. M.（2006）Cognitive-Behavioral Therapy in Groups, p.93. The Guilford Press.

Blackburn, I., James, I. A., Milne, D. L., Baker, C., Standart, S., Garland, A., & Reichelt, F. K.（2001）The revised cognitive therapy scale（CTS-R）: psychometric properties. Behavioural and Cognitive Psychotherapy, 29, 431-446.

Dobson, K. S., & Singer, A. R.（2005）Definitional and practical issues in the assessment of treatment integrity. Clinical Psychology: Science and Practice, 12, 384-387.

Laireiter, A. R., & Willutzki, U.（2003）Self-reflection and self-practice in training of cognitive behaviour therapy: An overview. Clinical Psychology and Psychotherapy, 10, 19-30.

Leon, A. C., Olfson, M., Portera, I., Farber, L.,& Sheehan, D. L.（1997）Assessing psychiatric impairment in primary care with the Sheehan Disability Scale. International Journal of psychiatry in Medicine, 27, 93-105.

Lieberman, M. A., Yalom, I., & Miles, M.（1973）Encounter Groups: First facts. Basic books.

McHugh, R. K., & Barlow, D. H.（2010）The dissemination and implementation of evidence-based psychological treatments: A review of current efforts. American Psychologist, 65, 73-84.

Weck, F., Bohn, C., Ginzburg, D. M., & Ulrich, S.（2011）Treatment integrity: Implementation, assessment, evaluation and correlations with outcome. Verhaltenstherapie, 21, 99-107.

White, J. R.（2000）Depression. In J. R. White & A. S. Freeman（Eds.）, Cognitive Behavioral Group Therapy: For specific problems and populations（pp. 29-61）. American Psychological Association.

集団認知行動療法治療者尺度（G-CTS）マニュアル

　このマニュアルは，集団認知行動療法を行う治療者（リーダー，コリーダー）の治療の質を評価するためのマニュアルです。

　①治療者が自分自身の実践を振り返って臨床技術を向上させること
　②集団認知行動療法の実践について効果的に教育指導を行うこと

を目的に作成されました。

　24ページから集団認知行動療法実践の上で重要な12項目について，0点から6点までで評定します。評点の目安は以下の通りです。

◆全般的な評点

0点	論外
1点	初心者としてもかなり問題が多い（参加者にとって有害なレベル）
2点	初心者としても問題がある
3点	初心者としての合格レベル。一人前の治療者としてはまだ改善すべき点がある
4点	一人前の治療者として合格レベル
5点	一人前の治療者としても秀逸なレベル
6点	神業

　各項目には，行動の「チェック項目」があります。初心者の方は，まずは「初級項目」にある行動を練習することから始めるとよいでしょう。各項目が達成できているかどうかも点数の目安にすることができます。

◆評価基準

初級項目	これらがすべて満たせていれば「3」点
中級項目	これらがすべて満たせていれば「4」点
上級項目	これらが満たせていれば「5」点以上の可能性がある

＊グループ内に，リーダーとコリーダーなど複数の治療者が入る場合には，区別せずにまとめてスタッフとして評価します。

＊また，ある参加者への介入と別の参加者への介入の質が異なる場合には，総合的に評価します。

1　他の参加者との関係を用いた介入

この項目の達成目標

　他の参加者の存在が，治療的に働くように支援する。他の参加者の存在は，「悩んでいるのは一人ではない」という孤独感からの解放をもたらしたり，似た問題を抱えるモデルとして自分を振り返る鏡のように機能したり，先に回復していく未来像として映ることもあったり，別の視点からの考え方や行動パターンを示し視野を広げてくれたりもする。このような治療的な効果を最大に引き出すためにリーダーやコリーダーと役割を分担しながら進めていく。

　また，同時に他の参加者の存在は，リスクともなり得る。他の参加者と比較して落ち込んだり，競争が始まったり，集団の場でプライドが傷つくのを恐れ，本音を語れないなどの問題である。リーダーはこの点を念頭に置きながら，リスクに対して敏感に気づき，早めに介入することが必要である。

目標達成のために行うこと

①参加者一人ひとりがグループに関わっていると思えたり，グループ全体で話し合われている問題が自分に関係していると考えられたりするように配慮する

②他の参加者が話している内容を共感的に感じたり，問題解決に役立つと思えたりするように配慮する

③参加者自身の体験を話すことや意見を述べることなどが他の参加者の役に立つことを伝える

④参加者がそれぞれグループの一員として，自分自身やグループに役に立つことを模索し，共に助け合いながらグループを作っていくという風土を作り上げる

⑤他の参加者もしくはグループ全体からの負の影響を受けていないかに気を配る。お互いの攻撃，無用な競争心，自尊心の傷つきを恐れて発言を控えること，過度の自己防衛，などである。そのようなことが見られた場合には，リーダーは参加者およびグループ全体の概念化を行ったうえで，介入を行う

1　他の参加者との関係を用いた介入　チェック項目

（初級項目）

☐　参加者に対して，他の参加者の援助となるような行動（共感する，良い点を探す，似たような体験を話す，問題解決を手伝うなど）を引き出すよう働きかける。

（中級項目）

☐　特定の参加者の発言内容を，他の参加者にも関連するように一般化した形で，グループ全体にシェアする。

☐　特定の参加者の発言に対して，他の参加者の反応（認知・行動・感情）を尋ね，多様性を示す。

（上級項目）

☐　参加者が他の参加者に対して抱いている認知や感情を察知し対応する。

（例：「他の人は簡単にできるのに自分だけ課題につまずいている」と考え，劣等感を抱いている参加者に対応する）

☐　各参加者がそれぞれの気づきのレベルや能力に応じてプログラムに参加できるよう配慮する。

（例：参加者の得意な能力を活かせるような役割を振ったり，自信を持って発言できるような話題を振ったりする）

評価基準

▶0　リーダーはリーダーと参加者との1：1のやりとりに終始し，集団であることを一切活かそうとしなかった。

▶2　リーダーは参加者同士で起こっていた問題について気づかなかったり，参加者同士の治療的活用に不足があったりした。

▶4　リーダーは参加者同士で起こっていた問題について介入し適切に対処した。また，参加者同士を治療的に活用できていた。

▶6　リーダーは参加者同士が相互に助け合う雰囲気を高め，他の参加者に対する反応を概念化して治療に十分に活かしていた。

2　アジェンダの設定

この項目の達成目標

　セッションの最初にアジェンダを設定することは，時間を有効に使うために大切である。グループ療法ではプログラムとしてアジェンダが決められていることが多いが，できるだけその時の参加者の状態やニーズに合わせて，適宜話し合いによって調整できれば，なお創造的な取り組みとなるだろう。セッションは，このように協同的に決められたアジェンダにそって進行し，変更が必要な際にも再度話し合いながら，進めていく。

目標達成のために行うこと

①参加者の状態に応じたアジェンダを設定する

1. あらかじめホワイトボードや資料などで，今日のセッションのアジェンダと，予定時間を明示する。
2. アジェンダは1セッションに1～3個。5～10分以内に素早く設定。
3. 各参加者によって，参加の動機も，安全感の持ち方も，治療課題の受け止め方も，知的・精神的能力も違う。それぞれの到達目標と優先順位を決めておき，それに応じた個別アジェンダを想定しておく。
4. 前回の欠席者や進度の遅い参加者に対する，前セッションからの橋渡しを行い，今回のアジェンダに取り組めるようにする。
5. アジェンダの変更もあり得る（体調や気分や大きな状況の変化やホームワークの履行状況を聞きながら，次の項目についてチェック。治療同盟，ホームワーク不履行など，自殺・自傷・他害，大きな環境変化）。

②設定したアジェンダに沿って進行する

1. あらかじめ決めておいた時間配分と人数を念頭において，発表人数や一人あたりの発表時間について明確に指示する。
2. アジェンダ以外の話題が出た時には，優しく遮り話題を元に戻す。
3. アジェンダを変更する時には，その理由を明確に説明し，皆の同意を得る。

2　アジェンダの設定　チェック項目

（初級項目）

☐　該当セッションのアジェンダと構造を参加者に明示する。
　　（例：あらかじめホワイトボードやプリントなどに，アジェンダと予定時間を書く）

☐　参加者全体に対して，前セッションの感想，前回からの生活の変化，現在の気分や体調，ホームワークの履行状況や感想を尋ねる（チェックイン）。

☐　参加者にあらかじめ設定したプログラムのアジェンダについて，5 〜 10 分以内で提示し，同意を得る。

☐　設定したアジェンダにそって進行する。

（中級項目）

☐　アジェンダを変更する時には，理由を説明して参加者の合意を得る。アジェンダを外れすぎた話題が出たり，時間が超えそうな場合には介入する。

☐　設定したアジェンダが参加者にどのように役立つかを説明する。

（上級項目）

☐　チェックイン時の参加者からの報告や，（ある場合は）関係者からの情報を元に，必要に応じてアジェンダを修正して提示する。

☐　参加者の体験を概念化してアジェンダと結びつけて提示する。
　　（例：ある参加者が〝やらなくてはいけないと思いつつなかなか始められない〟と発言したことを受けて，「今回はそのような問題にどう取り組むか，という行動活性化について話しましょう」などと説明する）

評価基準

▶ 0　治療者はアジェンダを設定しなかった。

▶ 2　治療者はアジェンダを設定したが，そのアジェンダは不明確または不完全であった。

▶ 4　治療者は患者と共に，標的となる具体的な問題（例：職場での不安，結婚生活への不満）を含む，双方にとって満足のいくアジェンダを設定した。

▶ 6　治療者は患者と共に，標的となる問題について，使用可能な時間に合った適切なアジェンダを設定した。その後優先順位を決定し，アジェンダにそって進行した。

3　フィードバック

　　セッションは，リーダーが参加者と波長を合わせながら，双方向的に進めることが重要である。セッション中およびセッション終了時に，参加者がセッション内容を理解したり納得したりできているかどうかを確認したり，リーダーやコリーダー，他の参加者，プログラムなどに対する反応を引き出したりすることが重要である。このフィードバックを基に，リーダーは絶えず自分自身の行動を修正しながら，プログラムを進行していく。

①理解度の確認

　　参加者が，プログラムの学習内容を正しく理解しているかどうかを確かめる。確認する内容は，プログラムで学習した内容（例：認知モデルについて，モニタリング，認知再構成法などの技法など），自分の治療課題，プログラム全体の目的などである。

②リーダーやコリーダー，他の参加者，プログラムなどに対する反応

　　各セッションを通して，参加者がプログラムのプロセスに対して納得しているかどうかを確かめる。自分の治療課題の取り扱われ方への感想，他の参加者やリーダーに対する思い，ホームワークへの考えなどについて感想を引き出す。

③参加者の理解度や反応に対するセラピストの対応

　　参加者の理解度や反応に応じて参加者の概念化を見直したり，介入を検討したりする。必要に応じて自分の行動を修正する。

3　フィードバック　チェック項目

（初級項目）

☐　セッションの最後に，参加者のセッション全体の理解度と納得度を確かめる。

☐　参加者からの感想を受け止め，理解したことを伝える。

（中級項目）

☐　セッションを通じて，参加者の理解度と納得度を確かめる。

☐　ネガティブな感想も率直に表現できる雰囲気作りをする。

（例：沈黙している特定の参加者に感想を尋ねたり，ネガティブな感想であっても参加者自身の理解やグループ全体に役立つことを伝えたり，「今日は少しペースが早かったかもしれません。難しくなかったですか？」などとリーダー・コリーダーの自己開示を活用したりする）

☐　参加者からのフィードバックを参加者自身の概念化に役立てたり，必要に応じてリーダーの行動を修正する。

（例：進度が速ければペースを落とす）

（上級項目）

☐　参加者が個人の体験を自身の言葉で発言するよう促す。

（例：「いろいろな意見が聞けて参考になりました」などという曖昧な感想に対しては，具体的に何がどのように参考になったのかを尋ねる，など）

評価基準

▶ 0　治療者は，セッションに対する患者の理解度や反応を判断するためのフィードバックを求めなかった。

▶ 2　治療者は，患者から若干のフィードバックを引き出したものの，セッションにおける治療者の議論の筋道を患者が理解していることを確認したり，または，患者がセッションに満足しているかを確かめたりするのに十分な質問を行わなかった。

▶ 4　治療者は，セッション中終始，患者が治療者の議論の筋道を理解していることを確認し，患者のセッションに対する反応を判断するのに十分な質問を行った。治療者はフィードバックに基づき，必要に応じて自分の行動を修正した。

▶ 6　治療者は，セッション中終始，言語的および非言語的フィードバックを引き出すことにきわめて長けていた　（例：セッションに対する反応を聞き出した，定期的に患者の理解度をチェックした，セッションの終わりに主要点をまとめる手助けをした）。

4　理解力

この項目の達成目標

　リーダーはコリーダーと共に，参加者の背景情報（生育歴や現病歴，家族歴など）やセッション内外で見られる非言語的・言語的反応から，個々の参加者の考えや感情を理解しようと努めることが必要である。そうした理解に基づき，共感的な対応をする。それが，グループへの安心感，リーダーやコリーダーへの信頼感を生み，治療を成功につなげることができる。

目標達成のために行うこと

①参加者の心の中が見えている

　参加者の背景情報（生育歴や現病歴，家族歴など）やセッション内外での言語的・非言語的反応から，個々の参加者がどのような内的体験（考えや感情）をしているかを想像し，理解する。

②見えた心の中に寄り添い，それに応じた対応ができている（≒傾聴，共感）

　参加者の言語・非言語的な態度から，気持ちを推し量り，それを理解したことを，リーダーの態度や言動によって伝える（共感）。また，コリーダーとの間で，参加者についての理解や，グループ全体で起こっているプロセス（集団力動）についての理解を共有し，それに応じて対応する。

4　理解力　チェック項目

（初級項目）

☐　参加者の発言や非言語的反応に注意を払い，その背景にある考えや感情を正確に理解する。

（中級項目）

☐　参加者同士の発言を引き出して，各参加者の認知・行動・感情を理解し，参加者に伝えるように努める（概念化）。

☐　参加者の言語・非言語的な態度から，気持ちを推し量り，それを理解したことを，リーダーの態度や言動によって伝える（共感）。

☐　グループで起きている力動やプロセスを理解し，それをコリーダーと共有をしながら進める。（例：サブグループ（グループの中での小グループ）ができていないか，特定の参加者が一定の役割を取りがちになっていないかなどを評価する）

（上級項目）

☐　参加者の考えや感情を，グループ内の文脈だけでなく参加者の病歴や家族状況などの背景情報や，グループ外（これまでのセッションでの言動や，セッション外での生活など）の情報をもとに理解し（概念化），介入に活かす。

評価基準

▶ 0　治療者は，患者がはっきりと口に出して言ったことを理解できないことがたびたびあり，常に要点をはずしていた。患者に共感するスキルが不十分である。

▶ 2　治療者は，患者がはっきりと口に出して言ったことを繰り返したり言い換えたりすることはできていたが，より微妙な意思表示には対応できないことがたびたびあった。聴く能力や共感する能力が限定的である。

▶ 4　治療者は，患者がはっきりと口に出して言ったことや，より微妙な捉えにくい表現に反映された患者の「内なる現実」をおおむね捉えていたと考えられる。聴く能力や共感する能力が十分にある。

▶ 6　治療者は患者の「内なる現実」を完全に理解できていたと考えられ，またこの知識を適切な言語的および非言語的反応によって患者へ伝達することに長けていた（例：治療者の返答の調子は，患者の「メッセージ」に対する同情的理解を伝えるものであった）。聴く能力や共感する能力がきわめて優れている。

5　対人能力

この項目の達成目標

　リーダーは参加者にとってグループが安心・安全の場になるように配慮する。共感を示して温かさを示すと同時に,「このリーダーになら任せられる」といった場の安全を保証するような専門家としての信頼感も示す必要がある。

目標達成のために行うこと

①発言の内容だけでなく,非言語的行動（声の調子やアイ・コンタクトなど）によって,温かさと関心を伝える

　参加者側から見てあら探しされているとか,非難されているとか,ばかにされていると思われないように注意する。適度なユーモアを用いるのもよい。

②適切なレベルの思いやり,関心,信頼感を示す

　公明で,誠実で,オープンな態度。恩着せがましい態度や,わざとへりくだったような態度とったり,参加者が質問したのにそれをはぐらかすようなことをしてはならない。

③グループが安心,安全な場であることを保証する

　参加者のグループの安全性を阻害する行動（話題をすりかえる,他の参加者と競う,他の参加者を攻撃する,グループで知り得た秘密を漏らすなど）に対して,適切に介入する。

④プロフェッショナリズムを示す

　遠い存在のようであるとか,冷淡な雰囲気ではない言い方で,自分には参加者を助けられる力がある,という自信を参加者に伝える。

5　対人能力　チェック項目

（初級項目）

□　発言の内容だけでなく，声の調子やアイコンタクトなどの非言語的行動によって，温かさと関心を伝える。

□　すべての参加者に対して公平で誠実な態度を心がける。恩着せがましい態度や，わざとへりくだったような態度とったり，参加者が質問したのにそれをはぐらかしたりしない。

□　各参加者への個別の配慮と，集団のマネージメントとのバランスを取り，グループが安心，安全な場となるようにする。

（中級項目）

□　参加者の安全感を阻害する行動（参加者同士の競い合い，攻撃，意見の押し付けなど）に対して，適切に介入する。

（上級項目）

□　グループの中で生じたリーダー自身の感情に気づき，それを参加者の理解や介入に役立てたりするなどして活用する。必要に応じて適切な自己開示を行う。

□　リーダーとして遠い存在であるとか冷淡や威圧的な態度ではなく，参加者を助けられる力がある自信を参加者に示す。
（例：プログラムに関連する専門知識や，グループでよく生じる思考や感情を例示する）

評価基準

▶0　治療者は対人スキルに乏しく，反友好的，侮辱的など患者にとって有害な態度が見られた。

▶2　治療者は有害ではないが，対人能力に重大な問題があった。時によって，治療者は不必要に性急，冷淡，不誠実に見えた，または信頼感やコンピテンシーを十分に示すことができていなかった。

▶4　治療者は十分なレベルの思いやり，気遣い，信頼感，誠実さ，および専門家意識を示した。対人能力に特に問題はない。

▶6　治療者は，この特定の患者に対するこのセッションに最適なレベルの思いやり，気遣い，信頼感，誠実さ，および専門家意識を示した。

6　共同作業

この項目の達成目標

　リーダーやコリーダーは，参加者と共に，一つのチームとして機能する協働の姿勢が求められる。参加者がリーダーと十分にプログラムや自分自身の目標を共有し，能動的に参加することで，治療効果は上がる。また，プログラム終了後も，参加者自身が自分の生活の中で学んだ技法を役立てることができるようになる。

目標達成のために行うこと

①ラポールをとる

　参加者とグループとリーダーがチームとして機能し，一緒に作業していて心地よいと感じられるようにすること。個々の参加者のニーズや希望に応じて，認知行動療法の構造や手法を柔軟に応用する。

②治療構造と参加者の自由な発言のバランス

1. いつ話す役に回り，いつ聞き役に回るのか？
2. 参加者同士で話し合わせるのか，リーダーが介入するのか？
3. いつ介入し，いつ静観するかを，進行役とフォロー役，直面化する役など，グループを進めるにあたりスタッフ間の分担をどうするのか？
4. いつリーダーの考えを提案し，いつ参加者が自分で提案できるのを待つか？

を考慮しながら進行する。

③セッションにおける介入の理論的根拠を説明し，リーダーと参加者の双方で重要と思われることに焦点づける

　集団プログラムでは多くの場合，あらかじめそのセッションのアジェンダがテキストなどで決まっていることが多いが，その場合にも，このアジェンダ（介入）が治療目標にどう役立つのかを説明し，参加者の動機付けを高めるよう配慮する。

6　共同作業　チェック項目

（初級項目）

☐　自由に発言してよい雰囲気作りをする。

☐　ある参加者の発言に対して，他の参加者やコリーダーに似た経験をしたことがないかを尋ね，共感や意見を引き出す。

☐　参加者の発言に対して，ポジティブフィードバックを行い，自主的な参加を促す。

（中級項目）

☐　参加者が主体的にプログラムに取り組む必要があることを示す。

　　（例：参加態度やホームワークに積極性が見られない場合にはそのことを扱う）

☐　ある参加者の発言内容を全体で共有し，グループ全体の問題として扱えるよう配慮する（リーダーと発表者の 1:1 のやりとりに終始しない）。

☐　スタッフ間で，進行役とフォロー役，直面化する役などの役割を分担し，協力してグループを進める。

（上級項目）

☐　プログラムの内容が，個々の参加者の治療目標にそって，どう役立つのかについて，理論的根拠を説明する。

評価基準

- ▶ 0　治療者は患者と協同関係を築く努力を行わなかった。
- ▶ 2　治療者は患者との協同作業を試みたが，患者が重要と考えている問題の特定や信頼関係の構築が十分にできなかった。
- ▶ 4　治療者は患者と協同作業を行い，患者・治療者の双方が重要と考える問題に焦点を当て，信頼関係を築くことができた。
- ▶ 6　素晴らしい協同作業ができたと考えられる：治療者は，治療者と患者が一つのチームとして機能できるよう，セッション中に患者が積極的な役割を担うことをできるだけ促すことができた（例：選択肢の提示）。

7　ペース調整および時間の有効使用

この項目の達成目標

　リーダーは各セッションにおいて参加者の能力や意欲などを考慮しつつ，セッション時間を最大限に活かすべきである。そのために，セッションを十分にコントロールし，周辺的な問題についての話し合いを制限し，非生産的な話し合いはさえぎりながら，セッションが適切なペースになるようにしなければならない。

目標達成のために行うこと

①すべての参加者が時間を平等かつ効果的に使えるよう，参加者とともに計画を遵守してアジェンダ項目をカバーできるようにする

②参加者に自分のペースでグループに参加すること（自己開示の程度，他の参加者への関わりの程度など）を保証する。無理に急かすことをしない。グループの時期に応じたペースを配慮する

③話し合いが非生産的になっている時（例：重要でないトピックに時間が費やされたり，話しすぎる参加者がいたりする，など）には，リーダーは丁寧に，現在の話題を中断し，元のアジェンダに戻るよう努める

7　ペース調整および時間の有効使用　チェック項目

（初級項目）

☐　参加者全員が時間を平等に使うことの必要性をあらかじめ説明し，参加者一人の発言時間が長くなりすぎないことを参加のルールとしてはっきりと伝え，参加者と共有する。

☐　アジェンダごとのおおまかな時間配分を提示する。

（中級項目）

☐　想定した時間配分通りに進行する。

☐　重要な話題に焦点を当てる。グループで話がそれて非生産的な話し合いになっている時にはそれを遮って話題を元に戻すなどの対応をする。

☐　中身のある話し合いにする。参加者が沈黙していたり，無難な回答に終始していたり，自身の治療課題が十分に話し合われない時には，必要に応じて話し合いを深める質問を行ったり，治療課題に直面化できない背景を探ったりする。

☐　参加者が平等に時間を使えるよう働きかける。一人で時間を使いすぎる参加者に対しては，話しすぎる背景を概念化しながら，要約をはさんで話を遮るなどして話を制限する。

☐　参加者の特性に応じた調整を行う。急ぎすぎる参加者には他の参加者の話を聞く側に回ってもらうなど，ペース調整を行う。プログラムに意欲が低かったり，理解できなかったりする参加者に対して，その背景を概念化し対応する。

評価基準

▶ 0　治療者は治療時間の構成・調整をまったくしなかった。セッションは目的のない漠然としたものに感じられた。

▶ 2　セッションにある程度の方向性はあったが，セッションの構成や時間配分に重大な問題があった。
（例：構成が不十分，時間配分に柔軟性がない，進行速度が遅すぎる，または速すぎる）

▶ 4　治療者はそれなりに時間を有効に使用することができた。治療者は話の流れや速さに対して適度な統制力を維持していた。

▶ 6　治療者は，核心からはずれた非生産的な話をうまく制限し，セッションの進行を患者に適した速さに調整することによって，時間を有効に使用した。

8　誘導による発見

この項目の達成目標

リーダーは,参加者自らが,自分の問題に気づいたり,新しい見方ができるよう支援する。

目標達成のために行うこと

①リーダーが講義をするような一方的なかかわりを避ける（参加者に"反対尋問"したり,参加者が防御的になったりするようなかかわりなど）。できるだけ参加者から体験を引き出し,それをもとに協同的に展開する

②ソクラテス的質問法を活用し,参加者があたかも自ら答えを発見したかのように進める

③質問よりも他の参加者の意見や体験談を引き出すことや,情報提供や直面化,説明,自己開示などの方が適切な場合もあるので,扱っている問題,治療のポイントによって,質問するか,他の介入方法を取るかのバランスを取る

8　誘導による発見　チェック項目

（初級項目）

☐　参加者が，自分の認知や行動に気づくことができるよう，具体的な質問をする
（例：自動思考を同定してもらう時には，具体的な状況を尋ねる──5Ｗ1Ｈ，など）

☐　参加者と対決をしない。参加者が十分に自覚できていないことや，否認していることに対して，押しつけや直面化を避ける。

☐　参加者が自身の体験を振り返ったり，他の参加者の体験を聞く時間を十分に設ける。

（中級項目）

☐　自らの認知，行動，感情などを振り返ることが難しい参加者に対しては，選択肢を用意して参加者に選んでもらえるようにするなど，参加者の特性に合わせた支援を行う。

☐　参加者の発言に多様な技法で対応する。こまめなまとめ（明確化），情報提供（一般的な考え方や過去の参加者の例など），リーダー自身による控え目な自己開示（リーダー自身の体験，考え，感情，行動に関する発言），視点を広げる質問（極端な例を挙げる，以前の体験と今回は何が違うのか？）など。

評価基準

▶0　治療者は主に議論や説得，または「講義」を行っていた。治療者は患者を尋問している，患者を防衛的にする，または自分の視点を患者に押し付けているように見受けられた。

▶2　治療者は誘導による発見ではなく説得や議論に頼りすぎていた。しかし，治療者の姿勢は十分に支援的であり，患者は攻撃されたと感じたり防衛的になる必要を感じたりはしなかったと考えられる。

▶4　治療者は，全体的に議論ではなく誘導による発見（例：根拠の検討，別の解釈の検討，長所と短所の比較評価）を通して，患者が新しい観点を見出す手助けを行った。質問法を適切に活用した。

▶6　治療者はセッション中，誘導による発見の手法を用いて問題を追求し，患者が自分自身で結論を出す手助けをすることにきわめて長けていた。巧みな質問とその他の介入法とのバランスが非常によく取れていた。

9　重要な認知または行動への焦点づけ

この項目の達成目標

　参加者の何に焦点を当てて治療を行うかが重要である。そのためには，参加者一人ひとりに概念化を行い，どの認知や行動を治療課題として焦点づけるかをリーダーとコリーダーは共有しておくことが大切である。

目標達成のために行うこと

①鍵となる自動思考，思い込み，行動を特定しながら，絶え間なく概念化を行う

②取り入れるべき中核的な思考や行動と，周辺的な思考や行動とを区別する

　　リーダーはコリーダーや参加者自身とあらかじめ概念化を共有し，どれが中心的な思考や行動で，どれが優先順位の低い周辺的な思考や行動であるのかを明確にしておく。

③参加者がまだ気づいていない重要な認知や行動に対して治療者が決めつけて指摘しない

　　そうしてしまうと参加者が自力で考えを特定することを難しくさせてしまう。しかし，自ら自動思考を自発的に述べるのが難しい参加者に対しては，時としてリーダーがいくつかもっともらしい自動思考を挙げること（複数の選択肢を挙げて）が必要な場合もある。

④背景となる信念を特定する

　　リーダーとコリーダーは，参加者の自動思考に潜む一般的なパターン・共通テーマに注意して聴き，信念を特定する。

9 重要な認知または行動への焦点づけ　チェック項目

（初級項目）

□　当該グループの参加者において共通性の高い重要な認知や行動を理解し，それについて説明したり，質問したりする。

（中級項目）

□　各参加者の問題（例：うつ病，休職）に関係する認知や行動についての概念化を行う（作業仮説を持つ）。

□　各参加者の問題（例：うつ病，休職）に関係する認知や行動に関する質問を行い，参加者が自己理解できるよう手助けする。

□　グループ内での言動から，参加者の治療課題を概念化する。

（例：リーダー・コリーダーや他の参加者への態度，プログラムへの取り組みの態度，ホームワークの実行度など）

□　参加者個人の治療課題とグループ全体のアジェンダとの結びつきを参加者に伝える。

（上級項目）

□　重要度の低い認知や行動に関する話題が長引いた時には，より重要度の高い認知や行動に焦点を当て直す。

□　参加者の複数の出来事に対する認知や行動のパターーンに共通点を見出し，信念を特定する。

評価基準

▶ 0　治療者は，具体的な思考，思い込み，イメージ，意味，または行動を聞き出す努力を行わなかった。

▶ 2　治療者は認知または行動を聞き出すために適切な技法を用いた。しかし，焦点を見つけることに支障があった，あるいは患者の主要問題とは関連のない見当違いの認知や行動に焦点を当てていた。

▶ 4　治療者は，標的となる問題に関連した具体的な認知または行動に焦点を当てた。しかし，より前進につながる可能性の高い中心的な認知や行動に焦点を当てることも可能だった。

▶ 6　治療者は，問題領域に最も関連が深く，前進につながる可能性がきわめて高い，重要な思考，思い込み，行動等へ巧みに焦点を当てていた。

10　変化に向けた方略

　8で焦点づけた参加者の治療課題（重要な認知や行動）に対して，**適切な技法を選択して実施できていたかどうか**を評定する。ここでは，その技法を上手に実施したかどうかや，その技法が結果的に効果を上げていたかどうかは評定しない。

①参加者個人の問題とグループ全体のアジェンダの関連を検討し，参加者に説明する

②参加者のプログラムへのモチベーションや知的水準，認知や行動のパターン，タイミング，ペースなどに即した適切な技法を選択する

10　変化に向けた方略　チェック項目

（初級項目）

☐　当該グループの参加者において共通性の高い重要な認知や行動に対して適した技法を知っており，選択する。

（中級項目）

☐　参加者に役立つ技法を選択する。参加者の問題，参加へのモチベーション，理解力などの特性を踏まえて技法を選択する。

（上級項目）

☐　選択した技法が，各参加者の治療課題にどのように役立つかを説明する。

評価基準

（注：この項目については，方略がいかに効果的に実施されたか，または変更が実現できたか否かではなく，治療者の変更に向けた戦略の質に焦点を当てて評価すること）

▶ 0　治療者は認知行動的技法を選択しなかった。

▶ 2　治療者は認知行動的技法を選択したが，変更を成し遂げるための全体的な戦略は漠然としていた，または患者を手助けする方法としてあまり見込みがなさそうであった。

▶ 4　治療者には，全体的に変更に向けた首尾一貫した方略があると見受けられ，その方略にはある程度の見込みがあり，認知行動的技法が取り入れられていた。

▶ 6　治療者は，変更に向けて非常に見込みがあると考えられる首尾一貫した方略に従って治療を進行し，最も適した認知行動的技法を取り入れていた。

11　認知行動技法の実施

この項目の達成目標

9 で選択した技法を上手に使えているかを評定する。

目標達成のために行うこと

①技法の導入（どんな時に使うのか，目的，使い方などを一般的な例で説明する），介入（実際に参加者自身が自分のことについて技法を適用してみる），まとめ（技法を使った結果を検討する）の順で実施する

②参加者がその技法の論理的根拠を理解し，セッション外の場面で実施できるように支援しながら，必要に応じて参加者にわかりやすい例を用いるなどして説明する

（技法の目的）

　根拠を検証する／実験を計画する／帰納的質問／再帰属／代わりの方法や考えを作り出す／教育／ロールプレイング／モデルの説明／行動活性化／エクスポージャー／問題解決／スキルトレーニング

（技法の種類に応じた例）

- 認知再構成法を用いて，自動思考を検証したり，思い込みを同定したり，行動の他のレパートリーについても視野を広げることができるよう介入する。
- 問題解決技法を用いて，問題解決の手順を教育し，問題解決行動のレパートリーを広げられるように介入する。

11　認知行動技法の実施　チェック項目

（初級項目）

□　導入（説明）：技法に関する一般的な使い方，効果などについて説明する。

□　まとめ：技法を使った結果，どのような結果が得られたかを参加者と共に検討する。

（中級項目）

□　参加者の背景や特性に応じた例やメタファーを用いる。

□　参加者の特性に応じて，技法の適応の仕方を調整する。
　　（例：理解度に応じてペースを調整したり，内容を取捨選択する）

（上級項目）

□　介入：技法を参加者個人の問題に適用させ，参加者が技法を使いこなせるよう支援する。

□　参加者がセッション外でも技法を用いることができるように技法の適用を工夫する。
　　（例：生活状況での応用可能性を考慮する）

評価基準

（注：この項目については，標的となる問題に対して技法がいかに適切か，または変更が実現できたか否かではなく，技法の実施技術に焦点を当てて評価すること）

▶ 0　治療者は認知行動的技法を一つも使用しなかった。

▶ 2　治療者は認知行動的技法を使用したが，その適用方法に重大な不備があった。

▶ 4　治療者は，認知行動技法をある程度のスキルを持って使用した。

▶ 6　治療者は，巧みかつ機知に富んだ方法で認知行動技法を使用した。

12　ホームワーク

この項目の達成目標

　ホームワークの重要性を参加者に理解してもらえるよう努める。ホームワークを有効に活かすためには，参加者の問題や能力にあわせて設定し，その意義を参加者と共有することが大切である。行ってきたホームワークについて，次のセッションできちんと取り扱うことも重要である。

目標達成のために行うこと

①アジェンダに関連し，目的がはっきりわかる具体的なホームワークを設定する

②ホームワークをし忘れないための工夫（メモをとってもらうなど）をする

③個々の参加者の治療課題や理解度や現実的な状況に合わせてホームワークを修正する

④ホームワークの理論的根拠を説明する（ホームワークの目的と，グループの効果を上げることを伝える）

⑤ホームワークの実施可能性について参加者自身に判断させ，障壁があれば事前に取り除くための手立てを話し合う

⑥ホームワークを振り返る時間を必ず取る（ホームワークを出しっぱなしにして取り扱わないと，ホームワークへの意識を下げたり，治療同盟にも影響する）

⑦ホームワークの実施状況や具体的記述を，事前ミーティングでスタッフ間で共有し，セッションの進行に活かす

⑧ホームワーク不履行の参加者に対しては，その概念化を行いつつ，履行できるようなホームワークの修正や生活上の工夫などについて話し合う

⑨ホームワーク不履行について，見逃したり，取り扱わないでいたりすると，他の参加者のモチベーションやグループの凝集性，治療同盟にも悪い影響を与える。参加者がホームワークを履行できるよう，支援する

12　ホームワーク　チェック項目

（初級項目）

- ☐ 参加者がホームワークを忘れないように工夫する。
- ☐ ホームワークの理論的根拠を説明する。
- ☐ 前回のホームワークを振り返る時間を取る。
- ☐ ホームワークの履行状況や具体的記述を，事前ミーティングでスタッフ間で共有し，セッションの進行に活かす。

（中級項目）

- ☐ 個々の参加者の理解度や現実的な状況に合わせてホームワークを修正する。
- ☐ ホームワークの実施可能性について参加者自身に判断させ，障壁があれば，事前に取り除くための手立てを話し合う。

（上級項目）

- ☐ ホームワークをしてこなかった参加者に対しては，ホームワーク不履行についての概念化を行いつつ，履行できるようなホームワークへの修正や生活上の工夫などについて話し合う。

評価基準

- ▶ 0　治療者は認知療法に関連したホームワークを治療に組み入れようとしなかった。
- ▶ 2　治療者にはホームワークの組み入れに重大な問題があった。
  （例：前回のホームワークの見直しを行わなかった，ホームワークについての詳細を十分に説明しなかった，不適切なホームワークを課した）
- ▶ 4　治療者は前回のホームワークを見直し，基本的にセッションで取り扱った事項に関連した「標準的な」認知療法のホームワークを出した。またホームワークについて詳細を十分に説明した。
- ▶ 6　治療者は前回のホームワークを見直し，次の1週間用に認知療法を用いたホームワークを慎重に課した。その課題は，患者が新しい観点を受け入れ，仮説を検証し，セッション中に話し合った新しい行動を試すこと，などの手助けとなるよう，患者に合わせて設定したものと考えられる。

4 集団認知行動療法治療者尺度の エビデンス（研究概説）

中島美鈴

　本書でご紹介した集団認知行動療法治療者評価尺度は，うつ病症例に対する評定演習によって，G-CTS の信頼性と妥当性（厳密に言えば弁別可能性）が実証されています。

　心理学を学ぶ大学院生でこれまで集団認知行動療法の経験がほとんどない者（初心者群）18 名および集団認知行動療法経験 5 年以上で集団認知行動療法研究会基礎研修修了者 4 名（上級者群）が実施するうつ病患者に対する集団認知行動療法の様子を撮影したビデオテープ合計 41 本を対象に，一つのビデオを 2 名の評定者がペアになり，合議ではなく独立して G-CTS を用い，0 点〜 6 点の 7 段階で評価しました。なお，評定者は，G-CTS についての研修（2 時間の講義と評定演習）を受講した経験があり，集団認知行動療法経験 5 年以上の専門職 2 名が評定しました。

　その結果，各評定者における得点の Cronbach の α 係数を算出した結果，各評定者において，α =.95，.96 が得られ，高い内的信頼性が確認されました。

　また，G-CTS の各項目における評定者間信頼性においては，G-CTS の各項目における級内相関係数は，.65（誘導による発見）〜 .88（ホームワークの設定）であり，合計点で.97 が得られるなど，良好〜非常に良好な信頼性が示されました。個別の CTS の級内相関係数（.40 〜 .86 :Blackburn et al., 2001, .27 〜 .83 :Muse et al.）と比較しても，非常に高い一致率と言えます。

　最後に，初心者の実施した集団認知行動療法の評価得点の合計点と，集団認知行動療法経験年数 5 年以上の専門家が実施した集団認知行動療法の評価得点の合計点を t 検定で比較した結果，初心者（n=18）（平均経験年数 1.28 年）の G-CTS 合計得点（平均 =35.94 点，標準偏差 =3.91）よりも経験年数 5 年以上の専門家（n=23）（平均経験年数 10.47 年）（平均 =48.85 点，標準偏差 =3.93）の方が有意に高いことがわかりました（$t(39)$=12.808，p= .000）。つまり，G-CTS によって，集団認知行動療法の初心者と経験者を弁別することができた（弁別可能性が高い）と言えます。

　G-CTS の最大の特徴である，治療者の行動チェックリストを追加したことによって広がった可能性について触れます。G-CTS の集団認知行動療法の治療者を行動面から具体

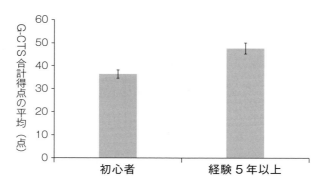

図 4-1　集団認知行動療法経験年数と集団認知行動療法治療者評価尺度得点

的に評価するチェックリストは，職人芸となりがちな臨床スキルを，治療者の具体的な行動指針として示すものとなり，教育上において大きな貢献となるでしょう。この尺度を用いたスーパービジョンをはじめとする教育研修が整備されることで，治療の受け皿が拡充するはずです。今後は，うつ病以外の多様な疾患や困りごとを抱える対象の集団認知行動療法セッションにおける，G-CTS の妥当性と信頼性を検討することが求められています。

引用文献

Blackburn, I., James, I. A., Milne, D. L., Baker, C., Standart, S., Garland, A., & Reichelt, F. K. (2001) The revised cognitive therapy scale (CTS-R): Psychometric properties. Behavioural and Cognitive Psychotherapy, 29, 431-446.

Muse, K., McManus, F., Rakovshik, S., & Thwaites, R. (2017) Development and psychometric evaluation of the assessment of core cognitive behavioral therapy skills (ACCS): An observation-based tool for assessing cognitive behavioral therapy competence. Psychological Assessment, 29, 542-544.

5 G-CTS を用いた スーパービジョンのあり方

中島美鈴

　集団認知行動療法治療者評価尺度を用いると，グループを実践するセラピストへのスーパービジョンを安全かつ効果的に行うことができます。ここでは，うつ病患者を対象にした集団認知行動療法を実施するセラピストに対して，どのようにスーパービジョンを行ったのかをご紹介したいと思います。

　集団認知行動療法を学ぶ機会として，最もみなさんが参加しやすいのは，集団認知行動療法研究会の開催する「基礎研修」と呼ばれる 1 日研修でしょう。この研修は，東京や仙台，北海道や広島，福岡などで行われるうつ病の患者さんを対象にした集団認知行動療法の教育研修です。およそ表 5-1 のように講義とロールプレイで構成されています。

　この研修が終わる頃には，「うつ病の集団認知行動療法」とは何かが体験的に捉えられ，どんな技法があって，リーダーはどのように動くべきかが大まかにわかるようになります。しかし，あくまで「おおまかに」であり，実際にグループを自信持って運営できるかといえば，そうではありません。また，自分の所属機関で行おうとする集団認知行動療法には，

表 5-1　集団認知行動療法の教育研修プログラム

タイトル	所要時間（分）
集団認知行動療法とは	50
集団認知行動療法の実際	30
グループワーク	30
認知再構成法（講義とデモンストレーション）	30
ロールプレイ	30
行動活性化（講義とデモンストレーション）	30
ロールプレイ	30
問題解決技法（講義とデモンストレーション）	30
ロールプレイ	30

終了3カ月後　　終了6カ月後

基礎研修会　　　SV1回目　　　SV2回目

図5-1　スーパービジョンの実施間隔

うつ病だけでなく，さまざまな疾患を合併されている方もいらっしゃったり，グループの中で生じた人間関係によって諸問題が引き起こされたりして，基礎研修で習った技能だけでは，つまずくことが多いのが現状です。

　そのため，基礎研修を受講した後に，それぞれの現場で集団認知行動療法を実践するためのスーパービジョンを行うことにしました。筆者は，福岡で実施された基礎研修を終えた2名のセラピストにお願いして試行しました。

　スーパービジョンの実施間隔は図5-1の通りです。

　スーパービジョンは，筆者がそれぞれのスーパーヴァイジーの実施機関に出向き，グループ実施中の空間に座って観察し，グループ終了時にすぐにスーパービジョンを行うという形式で行いました。ビデオ撮影による方法も検討しましたが，集団全体をカメラに収めようとすると参加者全員の表情が見えにくく，誰からどの発言が発せられているかもわからないため，直接観察にしたのです。

　スーパーヴァイザーは，グループの進行を見ながら，G-CTSのセラピストの行動チェックリストをチェックしていきました。アジェンダの設定はどうか，グループ全体に話を回すことができているか，時間配分に気をつけているかなど12項目全体を意識しながら観察しました。

　もしも，得点の伸び悩む項目があるとしたら，それはなぜそうなるのかも考えておきます。たとえば，「リーダーとしては今日のアジェンダを言葉にしたはずなのに，なぜか明確でなく，参加者にも伝わっていない」という事態が起きた場合には，「リーダーのアジェンダに対する説明が長すぎる」，「具体性に欠ける」，「アジェンダの説明をする前に，呼びかける言葉が足りず，参加者の注意をひきつけていない」などの原因が考えられます。また，「アジェンダの設定をしたが，参加者にはそれが自分に役立つかどうかが伝わっていない」という事態も起こり得ます。そうした時にも，「各参加者のグループで達成したい目標を治療者は把握できているのか」，「参加者の理解力に合わせた表現で役立つことを伝えたか」などの確認をする必要があります。このように，スーパーヴァイザーは，どうしたらスーパーヴァイジーが目標となる行動を達成できるかについて，できる限り具体的な行動レベルで教えることができるよう，考えなければなりません。

　グループが終了すると，スーパービジョンが始まります。まず，リーダーとコリーダーに向けて，全体的な総評を行います。筆者が心がけているのは，そのセッションで見られたリーダーおよびコリーダーのよいところを少なくとも三つ以上挙げることです。たとえば「笑顔や穏やかな口調でグループの緊張をほぐしていた」とか，「参加者がよく話すグループにできていた」とか，「安全な雰囲気ができていた」など全体の印象を伝えます。それから，なぜそれらの成功が達成できたのか，リーダーやコリーダーのどの行動が寄与していたのかを共に分析していきます。「参加者が本当によく話すグループでしたね。これは前からでしょうか？　何か工夫されたことがありますか？」と尋ねていくことで，リーダーやコリーダーも自分たちの要因（あえて自分たちの発言量を減らしていたとか），参加者の要因（最初からよく話すリーダー的な参加者がいるとか），他の外的な要因（グループの直前にいつもとは違うコーヒーサービスがあったとか）について思いを巡らせるかもしれません。このように分析する姿勢を伝えることも大切です。リーダーとコリーダーがアフターミーティングを行う視点にもなり得るからです。合わせてスーパーヴァイザーとしての分析についても伝えます。

　全体的な分析が終わったら，G-CTS の各項目について一緒に見ていきます。評価した得点も伝えますし，チェックした行動リストもお渡しします。スーパーヴァイザーもスーパーヴァイジーも，一緒に G-CTS のセラピストの行動チェックリストや評価基準を眺めながらチェックします。「あの場面のリーダーの行動は，この項目ですね。ちゃんとできていましたね」などとセッションの各場面と項目を対応させながら，具体的に振り返っていきます。チェックのつかなかった，より上級な行動チェックリストについては，「次に，もし同じようなことが起こった時には，できれば○○できるとよいでしょう」と促していきます。

　また，スーパーヴァイジーからの意見もできるだけ引き出していきます。スーパーヴァイザーは毎回グループを見るわけではありませんし，その実施機関の文化，参加者のグループ以外での顔については，スーパーヴァイジーの方がよく知っているのです。スーパーヴァイザーはそうした限界についてよくわきまえて，「私の方からはこの場面では，リーダーとしてこう振る舞うのが理想だと思えたけれど，実際このグループではどうでしょうか？　できそうですか？」などと尋ねていきます。

　スーパービジョンの対象は，リーダーだけではありません。リーダー一人ではすべての役割を担えないのが現状です。タイムキーパーでありながら，共感的であり，時に逸脱行動をとる参加者を制するような安全を守る存在であり，参加者の言葉にならない思いを代弁する等身大の存在であり……それらを一手に担うのは負担が重すぎます。コリーダーに対しても，役割を分担するよう指導しましょう。たとえば，リーダーが熱心にグループを進行するあまり，スピードが速くなり，ついていけない参加者を見落としてしまった時には，コリーダーが「ちょっと待って」と声をかけてくれるとずいぶん助かるものです。ま

た，リーダーの説明が参加者に理解しづらく，反応が良くない時には，率先してコリーダーが「？……ちょっと私もよくわからなくなってきました。○○ということですか？」と参加者側についてつなぐ役割をとってくれると，グループに自由で軽やかな雰囲気を与えることができます。

　スーパービジョンの最後には，もう一度リーダーやコリーダーの良かったところをまとめて伝えます。また，全体を通してのスーパーヴァイジーの感想も引き出します。こうしてみると，スーパービジョンと認知行動療法は構造が似ていると言えませんか。

　筆者はスーパービジョンを2回実施した方がいいと考えるのですが，それは以下のような利点があります。スーパービジョンの1回目には，各臨床現場の治療構造自体の問題も多く見られました。たとえば，グループを小グループに分けて討議する時間が多過ぎるために，参加者から出た発言内容を治療者が直接耳にすることができにくくなり，発言内容に対する治療者側の共感やフィードバックが困難となってしまい，治療者自身も参加者を理解する機会を逃した例です。そのため，参加者たちは多く発言できるものの，それが治療者に伝わらず，全体で共有されてその場で生き生きと扱われることもなく，セッションの臨場感がほとんど感じられなかったのです。こうした構造上の問題点が，治療者の能力を阻害している場合には，治療プログラムの構造にもアドバイスをして改善を勧めました。また，参加者と治療者の座る位置についても，いわゆるスクール形式とよばれる，参加者が治療者の方向を向いて座り，治療者と向き合う形がとられていることがありました。しかしその配置では，参加者同士が顔を合わせて目を見ながら発言し合う雰囲気作りが失われていたのです。グループとしての一体感を阻害するだけでなく，「治療者から講義を受けて教えてもらっている」というメッセージを与えてしまうことになり，「自らが認知行動療法の専門家になって，自分で治していこう」という認知行動療法の理念とは逆の構造となっていました。1回目のスーパービジョンは，こうした点についても指導を行っていきました。その結果，2回目のスーパービジョン時には，G-CTS合計得点は高くなり，グループ自体も非常に活性化していました。

　現在，わが国においては，まだ集団認知行動療法のスーパービジョン制度がありません。今回，試行的に始めてみましたが，非常に手応えを感じています。スーパーヴァイザーとスーパーヴァイジーの双方にG-CTSというあらかじめ「この基準を目指していきましょう」という努力目標を持っていることは，フェアであり，安全だと思っています。スーパービジョンが個人攻撃になる危険性や，スーパーヴァイザーの機嫌次第で変わってしまうような指導にならないために，必要なツールであると言えます。今回，実施機関を直接訪れてスーパービジョンを実施しましたが，全国各地でこうした動きを広げていけると，継続的な学びの場が確保できるのではないかと考えています。

第２部

6 疾患別・分野別のグループのコツ

1 うつ病と不安関連障害の共通問題

加藤典子

うつ病と不安関連障害に対する
診断横断的な認知行動療法の背景

　認知行動療法の介入プロトコルの多くは，一つの疾患を対象としています。その背景として，CBT は単一疾患に特異的なプロトコルの有効性を検証することで，エビデンスを確立してきたという経緯があります。たとえば，うつ病にはベック（Beck, A.T.）の認知療法が，心的外傷後ストレス障害には，フォア（Foa, E.B.）の持続エクスポージャー療法が有効であることが知られています。しかし，うつ病や不安症等，疾患特異的な CBT のプロトコルを一通り習得するためには，それぞれの訓練が必要であり，膨大なコストがかかります。この実施者育成のコストの高さが，CBT の普及の障壁となっています。

　この障壁を克服し，CBT 普及を目的として開発されたのが，一つのプロトコルで複数の疾患を対象とする診断横断的CBT です。診断横断的CBT は，複数の疾患にまたがる共通性に焦点を当てることで，診断を超えた適用を可能にしています。診断横断的CBT の中でも，うつ病と不安関連障害（パニック症，社交不安症，全般不安症，強迫症，心的外傷後ストレス障害など）を幅広く対象としているのが，ボストン大学のバーロウ博士（Barlow, D.H.）が開発した統一プロトコル（Unified Protocol for Transdiagnostic Treatment of Emotional Disorders: UP）です。UP による個人療法は，パニック症，社交不安症，強迫症，全般不安症に対して，治療ガイドラインで推奨される疾患特異的な CBT と同等の有効性を有することがランダム化比較試験によって確認されています（Barlow et al., 2017）。また，この研究では，併存するうつ病・気分変調症の症状についても，待機群と比較して，UP 群と疾患特異的な CBT 群において有意な改善が見られたことが

確認されています（Sauer-Zavala et al., 2020）。

　より効率的な CBT の普及を目指して，UP は世界各地において集団形式で提供される
ようになっています（Bullis et al., 2014 ; Arnfred et al., 2017 ; Osma et al., 2018）。UP に
よる診断横断的な集団 CBT は，他の集団 CBT と同様に，他のメンバーの話を聞くこと
が症状の理解やノーマライゼーションにつながる，メンバー同志の交流がソーシャルサ
ポートとして機能する，他のメンバーと一緒に取り組むことで治療への動機付けが高まる
といった集団ならではの利点があります。しかし，疾患特異的な集団 CBT と異なり，メ
ンバーが抱える問題や症状が多様であるため，いくつか工夫が必要となる点もあります。
本節では，UP の理論的根拠と介入内容について簡単に紹介し，うつ病と不安関連障害を
対象とする診断横断的な集団 CBT を実施する際のコツについて，UP による介入を例に
整理していきます。

UP の理論的根拠と介入内容

　うつ病と不安関連障害は併存することが多く，主診断が DSM-Ⅳの不安障害あるいは単
極性気分障害の患者の 55％に，他の不安障害もしくは気分障害が併存していたという報
告があります（Brown et al., 2001）。また，前述の UP の個人療法の有効性を検証するラ
ンダム化比較試験の結果が示している通り，単一疾患を対象とする CBT が，併存するう
つ病や不安関連疾患の症状も改善させることが認められています（Barlow et al., 2017）。
さらに，神経科学の知見においても，うつ病および不安関連障害では，扁桃体の過活動と
いった脳機能における共通性が見られることが知られています。

　このような共通性の背景要因として，うつ病と不安関連障害には神経症傾向（ネガティ
ブな感情を頻繁に強く経験する傾向）という共通の中核気質があることが明らかになって
います（Brown, Chorpita, & Barlow, 1998）。さらに，神経症傾向に加えて，うつ病や不
安関連障害の人はネガティブな感情に対して不適応的な感情調整方略を用いて対処する傾
向があり，そのために症状が維持されてしまうことが指摘されています（Aldao & Nolen-
Hoeksema, 2010）。これらの知見に基づき，UP は神経症傾向と感情調整不全を標的として，
不適応的な感情調整方略を適応的な感情調整に変えることで，ネガティブ感情の強度と頻
度を下げることを目的として作られています。介入内容は，うつ病・不安関連障害に対す
る CBT に共通して用いられている要素を含む 8 つのモジュールから構成されており，そ
のうち，マインドフルな感情への気づき，認知的柔軟性，感情行動に対する代替行動の形
成，内部感覚曝露，感情曝露の 5 つのモジュールが，中核モジュールとして位置付けられ
ています。

特徴に応じた集団認知行動療法の工夫

①共通性と治療原理を強調する

　診断横断的な集団 CBT では，メンバーの問題や症状がそれぞれ異なるため，他のメンバーの話を聞いてこの治療は自分には合わないという印象を持つメンバーが出てくることがあります。そのような反応を防ぐために，対象疾患の共通性と治療原理を強調する心理教育が重要です。UP の初回セッションでは，標的とする神経症傾向と感情調整不全について「ネガティブ感情を強く頻繁に体験して，感情に対処することで生活に支障が出ている人を対象とする」と説明をして，それぞれの体験をこの枠組みで話してもらいます。そうすることで，メンバーに介入内容が自身にも他のメンバーにも適していると納得してもらい，治療へのモチベーションを高めることができます。

②共通のモデルを活用する

　疾患特異的な認知行動療法において，各疾患の認知行動モデルが使われるように，診断横断的 CBT でも対象とする疾患すべてに適用可能なモデルを活用することが，メンバーの理解を深めるために役立ちます。UP では，感情体験を，先行事象（Antecedent），反応（Response），結果（Consequence）に分けて整理する「感情の ARC」と呼ばれるモデルを用いることで，回避や抑制といった不適応的な感情調整方略が短期的には苦痛を軽減させるものの，長期的には問題や症状の維持につながっていることへの気づきを促していきます。このモデルにより，幅広い対象疾患の症状と，症状以外の感情に関連する問題（例：対人関係の葛藤）を共通の枠組みで扱うことが可能になります。

③ホームワークの報告の時間を十分に確保する

　診断横断的な CBT では，メンバーの報告をそのまま他のメンバーが参考にすることが難しいため，ホームワークの報告をリーダーが共通のモデルで整理して共有する必要があります。また，メンバーが介入技法を自分の症状や問題に合わせて使うことができているか把握して，必要に応じてサポートすることが求められます。これらの理由から，UP の集団 CBT においては，ホームワークの報告にセッションの大部分の時間を使います。ボストン大学における実践では，120 分のセッションの半分の時間をホームワークの報告と検討に費やしていたことが報告されています（Bullis et al., 2014）。また，全体での報告の前に，ペアワークでの共有の時間を設けることも，メンバーの理解度を把握したり，サポー

トを行うために有効です。

④セッション外の時間でホームワークの取り組みを確認する

　ホームワークの報告の時間を長めに取っていても，メンバーそれぞれの治療原理や理解して応用することができているかを，限られたセッションの時間で十分に把握することは困難です。そこで，UP による集団 CBT を実施する際には，毎回ホームワークでの取り組みを記載したワークシートやそのコピーを回収して，目を通しておくと役に立ちます。回収したワークシートにコメントを記載して，次の回に返却しても良いでしょう。また，ワークシートのコピーを保管しておくことで，後半に位置する曝露のモジュールでの計画作成の参考にすることもできます。

⑤短時間の個人セッションを設ける

　診断横断的な集団 CBT においては，集団場面での自己開示に対する不安や治療原理の理解度には個人差があります。個人的な相談を希望するメンバーや，治療原理の理解が不十分なメンバーへの対応として，ボストン大学の実践では，セッションの前後に 10 〜 15 分程度の短い個人セッションを設けていたことが報告されています（Bullis et al., 2014）。この短時間セッションは，欠席したメンバーのフォローとしても活用できます。

⑥個別の曝露課題を事前に準備する

　UP の介入要素には曝露が含まれますが，診断横断的な CBT では，はじめに曝露課題を実施する際に，単一疾患を対象とする集団 CBT のように参加者全員が同じ課題を行う（例：社交不安のグループで全員がスピーチ課題を行う）のではなく，それぞれの参加者に合わせた課題を設定する必要があります。集団 CBT の時間的な枠組みの中でメンバー自身の課題設定が難しいことがあるため，事前にどのような曝露課題が各参加者において適切か，について，リーダーとコリーダーでブレインストーミングを行い，候補となる課題のリストを作成しておくと役立ちます。

⑦多様性を活かす

　診断横断的な集団 CBT においては，メンバーが抱える問題や症状の多様性を活用することが役立つことがあります。具体的には，あるメンバーの発言に対して，まったく異なる問題や症状を呈するメンバーからのフィードバックを求める，曝露課題に，異なる診断

のメンバーと一緒に取り組む（例：強迫症の曝露反応妨害法や，パニック症の内部感覚曝露に他の疾患のメンバーも同時に取り組む）といった方法があります。これは，異なる症状を持つメンバーからの意見を通して，自身の疾患の症状（認知・回避行動等）の客観視を促し，曝露課題の回避を減らすために有効です。

よくある困難と解決法の例

事例：うつ病と複数の不安関連障害の診断に該当するＡさん（50代女性）

　Ａさんは，うつ病，パニック症，広場恐怖症，全般不安症が併存する50代女性です。Ａさんはさまざまな症状に悩まされていたため，参加前は，この治療が自分に合っているのかわからないと不安を示していました。しかし，初回セッションで，対象疾患の共通性と治療原理についての説明を受けて，他のメンバーの話を聞いたＡさんは，治療への動機付けを高めていきました。最初の数セッションで，Ａさんは自身の抱える多様な問題をUPの枠組みで理解することが難しいと話していました。そこで，リーダーとコリーダーは，セッションでホームワークの取り組みを共有する前に，ペアワークの時間を設けてＡさんを治療原理を理解して応用することが得意なメンバーと組ませたり，Ａさんのペアにコリーダーが同席したりして，Ａさんが自分の体験をUPの枠組みで理解できるようサポートしました。また，毎回ホームワークの記載内容を確認して，曝露のモジュールに向けて課題を準備しておきました。曝露のモジュールの開始時，Ａさんは自分で計画を立てることができませんでしたが，終結までには，併存するすべての疾患の症状に合わせた曝露を経験し，すべての疾患の症状に改善が認められました。また，再発予防に向けて，自身で曝露計画を立てることができるようになっていました。

·· 引用文献 ··

Aldao, A., & Nolen-Hoeksema, S.（2010）Specificity of cognitive emotion regulation strategies: a transdi-agnostic examination. Behaviour Research and Therapy, 48（10）, 974-983.

Arnfred, S. M., Aharoni, R., Hvenegaard, M., Poulsen, S., Bach, B., Arendt, M., & Reinholt, N.（2017）Transdiagnostic group CBT vs. standard group CBT for depression, social anxiety disorder and ago-raphobia/panic disorder: Study protocol for a pragmatic, multicenter non-inferiority randomized con-trolled trial. BMC Psychiatry, 17（1）, 37.

Barlow, D. H., Farchione, T. J., Bullis, J. R., Gallagher, M. W., Murray-Latin, H., Sauer-Zavala, S., & Cassiello-Robbins, C.（2017）The Unified Protocol for Transdiagnostic Treatment of Emotional Disorders Compared With Diagnosis-Specific Protocols for Anxiety Disorders: A Randomized Clinical Trial. JAMA Psychiatry.

Brown, T. A., Campbell, L. A., Lehman, C. L., Grisham, J. R., & Mancill, R. B.（2001）Current and life-time comorbidity of the DSM-IV anxiety and mood disorders in a large clinical sample. Journal of Abnormal Psychology, 110（4）, 585-599.

Brown, T. A., Chorpita, B. F., & Barlow, D. H.（1998）Structural relationships among dimensions of the DSM-IV anxiety and mood disorders and dimensions of negative affect, positive affect, and autonomic arousal. Journal of Abnormal Psychology, 107（2）, 179-192.

Bullis, J. R., Sauer-Zavala, S., Bentley, K. H., Thompson-Hollands, J., Carl, J. R., & Barlow, D. H.（2015）The unified protocol for transdiagnostic treatment of emotional disorders: preliminary exploration of effectiveness for group delivery. Behavior Modification, 39（2）, 295-321.

Osma, J., Suso-Ribera, C., García-Palacios, A., et al.（2018）Efficacy of the unified protocol for the treat-ment of emotional disorders in the Spanish public mental health system using a group format: study protocol for a multicenter, randomized, non-inferiority controlled trial. Health Qual Life Outcomes, 16（1）, 46.

Sauer-Zavala, S., Bentley, K. H., Steele, S. J., Tirpak, J. W., Ametaj, A. A., Nauphal, M., & Barlow, D. H.（2020）Treating depressive disorders with the Unified Protocol: A preliminary randomized evalua-tion. Journal of Affective Disorders, 264, 438-445.

2　強迫症を対象にした集団認知行動療法　　　小林由季

強迫症に特徴的な認知や行動と，
グループ内でよく見られる問題

　強迫症とは，強迫観念に伴い喚起される過剰な不安，またはその不安を和らげるために行う過剰な儀式的行為によって日常生活に支障をきたす疾患です。強迫症はその症状について誰にも知られたくない，医師に話すのが恥ずかしい，家族から病気だと思われたくないなどの偏見のために受診を躊躇することが多く（Robinson et al., 2017），強迫症状に当惑しながら社会や家庭から孤立している当事者が多く見られます。

　主な強迫タイプとして，汚染強迫や確認強迫，加害恐怖などがあります。たとえば汚染強迫では，「自分が汚染される」，あるいは「汚染された自分から家族に汚れがうつる」などの強迫観念のために，集団認知行動療法で使用する机に触れられない，椅子に座れず立っている，面接で使用するワークシートを自宅に持ち帰れない，手から汚れが移らないように手袋をして参加するといったことが見られます。

　確認強迫では，大事なものを部屋に落としてしまったのではという強迫観念から，退室する際にすべての机や椅子，床全体，ドアの隙間などの確認を念入りに繰り返します。そして一度退室したあとに落としものがないか不安になると，再び入室して確認を最初からやり直す参加者も見られます。集団認知行動療法では会場の外で曝露反応妨害法を実施することがありますが，確認強迫の参加者が落としものや忘れものがないか確認するために部屋を出入りすることで部屋の出口を占領するため，他の参加者が部屋からなかなか出られないこともあります。

　過剰な完璧主義も強迫症には多く見られます。「すべてを完璧に報告しないといけない」という強迫観念のために，セッション終了時の振り返りにおける報告が他の参加者よりも明らかに長くなったり，グループリーダーからの問いかけに対して常に発症のきっかけから説明したりすることがあります。その結果，他の参加者は同じ話を何度も聞くことになり，そのような冗長な話に飽き飽きとしている様子がよく見られます。説明や報告をした参加者も周囲の反応を見て「自分の説明不足のために，言いたいことが周囲にまだ十分に伝わっていないのではないか」と不安になり，さらに詳細に説明しようとするため，リーダーに制止されるまで一人で長々と報告したりすることがあります。このような完璧主義傾向の参加者の多くが，強迫症状をすべてなくすことを集団認知行動療法の目標に設定しています。そのため強迫観念や不安が沸いてくることがあると，「強迫症状は少しも改善していない」と考えて動揺したり，他の参加者の進捗を聞いて，「自分は少しも変わっていない」と落ち込んだりする様子も見られます。

強迫症に対する認知行動療法

　強迫症に対する認知行動療法の標準的なプログラムは，全16回，1回30分以上のセッションで構成されます。はじめの4セッションでは，インテーク面接や評価を通して症状を理解し，症状と関連して社会生活にどの程度支障が生じているかを確認します。また家族に強迫行為を強要するといった強迫症状への巻き込みについて質問します。そして治療目標を設定したうえで，5セッションから主に曝露反応妨害法を実施し，最終セッションではプログラムの振り返りと再発予防について話し合います。

　曝露反応妨害法とは，回避行動や強迫行為によって不安を下げるというこれまでの悪循環パターンを変えるための方法で，曝露法と反応妨害法を組み合わせたものです（飯倉，1999）。曝露法とは，苦手と感じてこれまで恐れたり避けたりしてきたことにあえて立ち向かうことで，反応妨害法とは，これまで不安を下げるためにしてきた強迫行為をあえてしないことです（飯倉，1999）。曝露反応妨害法の目的は，毎日これを繰り返していく中で，一時的に不安や不快感は上がっても時間とともに少しずつ下がることを参加者が体験すること，強迫行為をしないと起こると思っていた最悪なことが実際には起きないことを学習することです。

　汚染強迫に対する曝露反応妨害法の課題例としては，「汚いと思うものに触れたあと，手を洗わない」，「手を洗ったあとに，家族に手がきれいになったか確認しない」などがあり，確認強迫に対する曝露反応妨害法の課題例としては，「玄関を施錠したら，施錠確認は1回のみにする」，「落としものがないかどうか振り返らずに歩く」などがあります。課題の内容やどの課題からはじめていくのかについては，当事者と話し合いながら進めていきます。

特徴に応じた集団認知行動療法の工夫

例1：汚染強迫のために机に触れられない，ワークシートを持ち帰れない

　強迫観念，不安感や不快感，洗浄行為あるいは回避行動との関係について参加者と話し合います。

　たとえば，「セッション中，机に手が触れた際に，机の汚れがついて汚いと考えて（強迫観念），不安感が高まり，手を何回も繰り返し洗う（強迫行為）ことで一時的に不安は下がる。しかし手洗いをやめると不安になるため，何度も繰り返し長時間洗わないと気が済まなくなり，その洗浄行為がなかなかやめられない」といった悪循環のパターンに参加者がはまっていることを一緒に確認していきます。

　セッションで用いるワークシートに素手で触れると不潔なものが体について病気になる

という不安感から，それらに直接触れないように手袋をするという回避行動を取っているのであれば，机や椅子，ワークシートに素手で触れている他の参加者が実際に汚染されて病気になっているかどうかを一緒に観察して話し合う中で，本当はそれらを避ける必要はないという認識を共有します。

　そのうえで，強迫症の発症後からその参加者が触れられなくなったものにスタッフや他の参加者と一緒に段階的に触れていき（曝露療法），それらに触れたあとに洗浄行為をしない，あるいは普段であれば石鹸を何度も使用するところを水洗いにのみにするなど洗浄パターンを変化させて（反応妨害法），時間とともに不安感や不快感が軽減することを体験してもらいます。

　セッションの振り返りの際には，参加者が一人で果敢に曝露反応妨害法の課題に挑戦したことや，思い切って挑戦したその勇気について，リーダー，コリーダー，参加者全員で拍手をして称えます。

例２：確認強迫のために部屋の出入りを繰り返す

　強迫観念やそれに伴う不安感，その不安感を和らげるための確認行為について参加者と話し合います。

　たとえば，「部屋を出ようとすると，何か大事なものを落としてしまったと考えて（強迫観念）不安になり，落としものをしていないか部屋中を確認する（確認行為）ことで一時的に不安は下がる。しかしそのような確認をやめると再び不安になるため，何度も念入りに確認しないと気が済まなくなり，確認行為がなかなかやめられない」といった悪循環のパターンにはまっていることを共有します。そのうえで，不安が湧いても思い切って部屋を出てみる，落としものがないか確認するために部屋に戻らないということが，強迫症状の改善に重要であることを話し合います。

　参加者の前後を他の参加者やコリーダー，リーダーで挟んで一列に並び，リズムよく行進しながら部屋を出るといった曝露反応妨害法を参加者全員で行う方法もあるでしょう。他の強迫タイプの参加者にとっては，自分とは異なる強迫タイプの曝露反応妨害法に参加することで治療原理を客観的に見られるようになり，強迫症を克服するための新たなヒントが得られるかもしれません。また他の参加者が曝露反応妨害法に挑戦する姿を目の当たりにすることが刺激となり，治療意欲がさらに高まる可能性があります。

　一方，確認強迫の参加者にとっては，全員で曝露反応妨害法に参加することに後押しされ，これまで一人ではとてもできなかった曝露反応妨害法の課題に思い切って挑戦できるかもしれませんし，振り返らずに部屋を出られたことについて参加者全員から称賛されることが励みとなり，集団認知行動療法参加へのモチベーションの維持や向上につながります。

例3：説明や報告が長すぎる

　参加者と次のことを話し合います。はじめに，説明や報告が長すぎるのは，「すべてを最初から完璧に話さないといけない」という強迫観念から不安が生じ，その不安を和らげるためにしているということ，次に，完璧に報告しなくても他の参加者には伝えたいことが十分に伝わっている可能性が高いこと，最後に，不安になっても簡潔に話してみることが治療的であることです。

　コリーダーやスタッフは集団認知行動療法実施時に参加者の話を要約して返していきます。これを繰り返していくことで参加者は簡潔な伝え方をモニタリングできるようになるでしょう。振り返りの時間には，グループリーダーも「今日の曝露反応妨害法で挑戦できたことを三つくらい挙げてください」，「今日の振り返りを3分でまとめてみましょう」など，問いかけの仕方に工夫を凝らすことが大切です。さらに，該当する参加者が前回よりも簡潔に報告できた際には，参加者全員でその努力を称えます。

例4：強迫症状をゼロにすることを目指す，
　　　他の参加者の進捗を聞いて落ち込む

　あらためて治療の目的について話し合います。集団認知行動療法の目的は，強迫症状をゼロにすることではなく，強迫観念が沸いて不安感が高まった時の対処スキルを身につけることであると伝えます。

　ストレスが強まったり生活リズムが乱れたりした時に強迫的な考えが沸くのは誰にでもあることで，プログラム終了後に同様なことが起こる可能性もありますが，それが強迫症の再発を意味するわけでもありません。セッションの振り返りの際に強迫症状の波について参加者全員で話し合うこともできるでしょう。症状の波がきた時に各参加者はそれをどう認識するのか，その際に共通する生活リズムの乱れや，ついやりがちな行動はないか，そしてその波を乗り越えるためにどのような工夫を凝らす必要があるのか，さまざまなアイディアを出し合いながら共有します。これらの情報は，プログラム後半で行う再発予防セッションの際に重要な参考情報となるでしょう。

　他の参加者の進捗と自分の進捗とを比較して落ち込む様子が見られたら，これまでに参加者が挑戦した曝露反応妨害法の課題や生活の変化などについて一緒に振り返ることはもちろん大切ですが，コリーダーやスタッフが参加者の努力や頑張りを見逃さず，少しの変化に気づいてそれを認めるようにかかわることも大切です。

まとめ

　強迫症に対する集団認知行動療法の強みとして，参加者がこれまで一人で抱えてきた強迫症状への戸惑いや恥ずかしさ，孤立感などについて他の参加者と共有できることや，強迫症克服という共通の目標に向けて，支持的で肯定的な雰囲気の中でチームとして取り組めることが挙げられるでしょう。グループに関わるスタッフは，参加者全員がサポーターとして支え合ったり，コーチとして励ましあったりできるように，時にはユーモアを交えながらセッションを進めていくことが必要です。「曝露反応妨害法を行うのはとても大変だったけれど，楽しかった」，そのように参加者に感じてもらえるようなかかわり方がプログラムの担当者には求められるのかもしれません。

◆ 引用文献 ◆

Robinson, K. J., Rose, D., & Salkovskis, P. M.（2017）Seeking help for obsessive compulsive disorder（OCD）: a qualitative study of the enablers and barriers conducted by a researcher with personal experience of OCD. Psychology and Psychotherapy, 90, 193-211.
飯倉康郎（1999）強迫性障害の治療ガイド．二瓶社.

◆ 参考文献 ◆

飯倉康郎・芝田寿美男・中尾智博・中川彰子（2012）強迫性障害治療のための身につける行動療法．岩崎学術出版社.

◆ 参考サイト ◆

強迫性障害（強迫症）の認知行動療法 マニュアル（治療者用）https://www.mhlw.go.jp/file/06-Seisaku-jouhou-12200000-Shakaiengokyokushougaihokenfukushibu/0000113840.pdf（参照 2020-01-13）

3　アルコール使用障害の集団療法　　　　　　　　　　　　　　　長　徹二

アルコール使用障害に特徴的な認知や行動と，グループ内でよく見られる問題

　アルコール使用障害の治療において，集団力動は非常に重要な要素です。治療の歴史を振り返っても，自助グループの誕生ほど大きなターニングポイントはないと言っても過言ではなく，病院で話せない内容を自由に話しても批判されない，言いっぱなし聞きっぱなしの文化が基盤にあります。それと同じ内容を医療機関で提供するとなれば，よりいっそう自分を開示することのできる安心・安全な空間を提供することが重要になります。そのため，本節では集団療法の環境調整や自己開示を促進する要素，そして，根本に抱えている個別性の把握など，安心・安全に進めることについて重きを置きます。そして，さまざまなスタイルの集団療法がありますので，その内容の簡単な紹介について述べ，最後にその一連の流れの中で注意すべき点についてまとめます。

　最初に断言しておきたいことは「集団療法の発展は医療が自助グループに追いついてきたとも言えるが，自助グループより優れたものはない」ことです。どんなに医療が発展しても当事者たちの持つ力には及ばないという謙虚さと，そうは言っても医療にも何か提供できるものがあるという可能性を追求する探求心を持ち合わせ続けることが大切です。

アルコール使用障害の集団療法

　一般的に実施されている集団療法はミーティングと呼ばれる，言いっぱなし聞きっぱなしの自助グループと同じスタイルのものです。毎回テーマが与えられることが多く，内容としては「最初・最後の一杯」「酒の功罪」「大切な人・お世話になった人・迷惑をかけた人」など，自分の過去の体験を想起して話しやすいようなものが多い印象です。ただ自分の話をして，ただ他人の話に耳を傾けるという点が大切で，時間経過とともに自己認識や聞こえ方が変わってくることを体験できるまで継続することが望ましく，参加動機を高める工夫が大切です。

　そして，心理教育や再飲酒予防，随伴性マネージメントなどを用いた認知行動療法的な集団療法にはさまざまな種類のものがあり，これまで習慣となっていた受け止め方や対処を見直し，新たな生活の工夫を見つけながら習慣にしていくことが目標となります。断酒を目指すものもあれば，飲酒量低減を目指すものもありますが，共通することは飲酒以外の問題にも目を向けて，生きやすくなることが達成できるかがカギを握るということです。

　余談ですが，われわれの作成した ARASHI（アラーシー ; Addiction Relapse prevention by Amusement-like Skill-up tool for Help-seeking Innovation）は，アルコールや薬物の再飲酒や再使用につながりそうな状況を想定し，自己効力感，対処能力，そして，援助希求能力を養うためのゲームツールです。実生活での再飲酒・再使用のリスクが高まりやすそうな危機状況を，失敗しても問題ない状況での疑似的な体験を通して，グループの力で乗り切るイメージを養います。カードは当院の web サイトより無料でダウンロードでき，その集団治療マニュアルも整備しております（https://www.heartland.or.jp/shigisan/department/education-center.html）。単施設での集団療法による介入研究において自己効力感が有意に改善しており，現在報告の準備をしています。

特徴に応じた集団認知行動療法の工夫

　集団療法に必要な「安心・安全」につながる条件を①環境，②対人関係，③個別性の，大きく三つに分けて概説します。これらの条件が不十分な段階では集団療法の参加の可否については慎重に判断することが求められます。

①環境

　患者さんにとって安心・安全な環境とは何か？　と問われたら，私は「患者さんの喫煙ルームの盛り上がり」をイメージしましょうと答えます。健康増進法が施行・改正されてからはイメージしにくいかもしれませんが，研修医の頃に「医療スタッフがいれば絶対に話さない話題で持ちきりなんです」と患者さんが話していたことが私は忘れられません。ちなみに，アルコール専門医療機関の喫煙室は「次どうやって飲もうか」という話題で持ちきりとのことです。そう，私たちが子どもの頃に先生や親に内緒にすることを条件に話していたことと同じであろうと思うのですが，話題は違えど，どうすればそのような環境を作ることができるのでしょうか？

　そのヒントはやはり自助グループの中にあると考えます。飲酒や飲酒にまつわる失敗について話しても怒られることのない，言いっぱなし聞きっぱなしを基本とするルール，自分だけじゃないという安心感，そして，お互いに安全に支えあう環境がそこにはあります。こうしたミーティングがやってきた歴史を踏まえ，当事者でない医療者がいても安心・安全である環境を提供することが重要です。具体的には，飲みたい気持ちや飲酒にまつわる失敗を間違いや失敗であるととらえることなく，妥当な反応と承認し，次の試みに向けたヒントとしてとらえるなど，どのような自分にも価値があると実感できる配慮が大切です。そして，飲み物やお菓子，テーブルや椅子の種類や配置，そして，その環境を構成するものすべてがどうしたら快適につながるかを考える習慣が持てると良いでしょう。

②対人関係

　安心・安全な対人関係は何か？　についてイメージするには，自助グループの仲間のように，何でも話せる関係性とは何か？　について考えるといいと思います。その対極にあるのは，「先生は怒らないので○○した人は正直に名乗り出てください」と学校の先生が感情的に話している場面でしょうか。「この人にこの話を話しても許されるだろうか？」そう考えた時点で，話すことに抵抗感が生じていることに気づくでしょう。

　アルコール使用障害を抱えている人はもともと対人関係の拙劣な人が多く，感情表出が不得手な人が多いので，他疾患の集団療法よりも多くの配慮を必要とします。一見口うるさく話す人が多い印象を持つかもしれませんが，そのほとんどが本音ではなく，その状況に合わせたよそ行きの言葉であったり，本音ではない，いわゆる"ツッパリ"であると考えておく方がいいでしょう。患者さんの発言は「患者さんがそう伝えようとした言葉」であって，内容は真実ではない場合があります。医療スタッフはその表現に秘めた思いを推し量り，かつ決して決めつけない，そんな判断が求められます。

　患者さんは，そもそも他人を信用できずにいたり，自分の感情を表出することすら許されないと思っていたり，他者に配慮しすぎる性格傾向を持っています。加えて，こうした表現の拙劣さがさらなる対人関係の悪化を招いてきた悪循環を経験しており，周囲の人からは「好きで自ら飲んでいる」という印象を持たれていることも少なくありません。つまり，その周囲で生活する人をはじめ，基本的に他者を信頼することができない（小林，2016）がゆえの生活障害に目を向けることも忘れてはなりません。というのも，飲酒していないと生きていられなかった生活史の人も多く，こうした根底に抱えている生きづらさに対処できなかった際に，一時的でも助けてくれたお酒を，治療とはいえいきなり手放すのは容易でないことも共感できるといいでしょう。

　われわれの研究でもアルコール依存症を抱える人は生育上の逆境体験を経験されていることが多く，ストレス対処能力と信頼感等の対人関係に関係する尺度の得点が低いことを報告しています（長他，2016）。やはり，「人」との関係の中で拒絶されないかかわりを続け，不信を和らげて自分で問題解決ができる自信を積み重ねながら自己肯定感や被受容感（「自分は他者からそれなりに大切にされている」という認識と情緒）を高められるように支援することが重要です。飲酒で対処したり，周囲に過剰に適応したり，意に反して自分から拒絶したりするのではなく，「人」との関係の中で安心・安全なかかわりができるように工夫しましょう。

　本音を話してもらうハードル下げる工夫の一つとして，「この人間の助言を聞いてみよう」と思われる関係性が重要であり，自分は受け入れられていると感じてもらうことが大切です。具体的に自己開示しやすくなる条件として，「共感的で支持的な態度，時間をかけること，ジェンダー規範を尊重，恥をかかないこと」などの良好な関係性がカギを握る

と報告されています（Simmons et al., 2016）。

　また，併存する精神疾患の多さも影響します。特に併存症として，知的障害，社交不安症，そして自閉スペクトラム症や注意欠如多動症などの発達障害を抱えている場合は対人緊張が強くなったり，集団療法を行っている際にじっとしていることが負担になったりします。さらに，アルコール使用障害と抑うつ状態は併存しやすく，意欲・興味・関心が低下している際にも同様の配慮が求められます。対人不信を解決する前に集団力動は期待できないことを肝に銘じておき，集団療法に参加できる段階になったら，患者間の対人関係を潤滑にする配慮が求められます。

③個別性

　集団で治療する際に，"同じ疾患を抱えた人たち"という見方は危険を伴います。多くの人に共通する事柄を把握したうえで，個別性を把握する作業が必要です。特にアルコール使用障害を抱えた人たちの特徴をまず理解し，その背景にある生きづらさや併存する精神疾患にも目を向け，集団で活動する能力についての評価を忘れないことです。そして，参加者にとって危険なテーマや傷つく体験になり得ると判断した際に話題を上手に変えたり，バランスを整えたりするファシリテーションは集団療法において必須項目といっても言い過ぎではないでしょう。

　何度も繰り返しますが，そもそも対人関係が拙劣な人たちが集まって集団療法を実施するわけですから，積極的な集団力動の広がりよりも，参加者の誰かに害を及ぼさない配慮の方が優先されます。とはいえ，集団で一つの作業をする以上，ルール設定は欠かすことはできません。ただし，そのルール設定はなるべく最低限にとどめるようにしています。それは，「また何かに縛られるのか？」という体験にならない配慮であり，支配的な雰囲気を作らないようにするためです。ただし，グループの規範は立ち上げの時期に決まると言われており，途中でのルール変更を行わないようにもする必要があり，容易ではありません。

　また，参加者の飲酒行動に対する行動変容の段階（Procheska et al., 1983）を把握することも必要です。「無関心期」→「関心期」→「準備期」→「実行期」→「維持期」の5つのステージを行き来しながら，患者さんの段階に応じて支援していきますが，変化が些細な刺激で変動することも忘れてはなりません。言動の評価が批判的にならないように配慮しつつ，その人の段階を常に把握する作業が求められます。無関心期は身構えて当然ですし，関心期には悩み始めたことで変化が始まっていますし，準備期には焦りが伴うでしょうし，実行期には意欲にあふれていることでしょう。「変わりたい」という気持ちがはっきりしている人ほど，その治療転機は良好であると報告され（Isenchhart, 1987），集団力動を用いながら，変化を実感できるようにファシリテーションする必要がありますが，

それを強いることのないように努めなければなりません。可能であれば段階別にグループを分ける方が望ましいでしょう。

集団療法の流れにおける注意点

　①開始までの環境，②チェックイン，③メインの介入・治療，④まとめ・振り返り，⑤アフターケアの順に概説します。

1. 開始までの環境

　まず会場までの到着を観察しましょう。服装や持ちもの，歩き方，そして表情など，あいさつをする段階で何かを感じる場合には，前回から何らかの変化があったと想定できます。それを話題にするかについては状況によりますが，個別で話をする時間を確保できることが望ましいでしょう。この時間に本音が出ることもあり，スタッフは時間に余裕を持って会場を整える（空調やいすの配置なども）ことが重要です。参加に抵抗感がありながらも参加した方が把握できれば，それを上回るウェルカム感を提供できるとよいでしょう。同時に無理して参加していないかの評価も行い，安心・安全な場は参加者を含めて成立するように努めることが大切です。

　基本的に参加除外基準として，明白な酩酊状態の人や，幻覚妄想，気分変動や精神運動興奮といった症状等により，日常生活に支障が生じている状態の人は参加を見合わせるように配慮しましょう。ただし，本人が参加を希望している場合は，「今回は非常に残念ですが……」と丁寧に断り，拒絶されたととらえられない配慮が重要です。その治療意欲をねぎらいつつ，"状態が改善し次第，いつでも参加してほしいことを丁寧に伝える"など，手厚いフォローを忘れないようにしたいものです。

2. チェックイン

　毎回必ず全員が守るルールの説明を行い，わかりやすい場所に表示しましょう。安心・安全な環境で実施することが大切なので，その安心・安全が脅かされる状況にならないように，ここで話した秘密を外に漏らさないことを徹底しましょう。そして，参加者全員で協力して空間を作っていくと同時に，貴重な時間を共有していくというメッセージを伝えましょう。具体的には「いつでも退場していい」ことや「話したくないことは無理して話さないように」など，集団力動よりも個人の安心・安全が優先されることを徹底します。

　次に，最近食べたおいしいもの，最近知ったこと，最近興味を持っていることを話したり，各種ゲームを用いたり，人前で話しやすくなる雰囲気作りに努めましょう。この時に参加者の中に話しにくそうな人・緊張している人がいないかをチェックしておくことが重要です。

3. メインの介入・治療

　その内容にもよりますが，「今，ここ」が苦手な人が多く，過去にとらわれやすかったり，将来への不安で苦しんでいたりしやすい傾向があります。そのため，参加者の対人緊張緩和と集中力の把握を忘れずに，適宜休憩を取るなど，速度を調整することも検討しましょう。また，参加者の飲酒に関する話題が出た場合，批判するのではなく，正直にここで話せたことを称賛し，その人の何とかしたい気持ちを高めるお手伝いができるように努めましょう。失敗ととらえるのではなく，次の試みに向けたヒントを参加者で共有しているのです。飲まなければやっていられない気持ちへの共感と同時に対処していくバランスが一番難しいテーマですが，「そんな状況なら飲んでしまうのも仕方がない」という内容が参加者の共感力が最も高まる状況であることは肝に銘じておきましょう。

4. まとめ，振り返り

　まず一緒に取り組むことができてよかったと振り返ります。同時に，今日の体験を日常に生かせるように促す作業も重要です。スイッチの切り替えを行うために，深呼吸やストレッチ等を用いてリラックスできる時間をしっかり確保してから締めくくりましょう。セッションの内容が負担に感じた人がいないかの確認も忘れずに行い，該当する人がいればスタッフに相談するように伝えましょう。この後の相談は他の参加者批判も多いですが，本音が出現しやすい貴重な機会でもあるのでしっかり耳を傾けましょう。

5. アフターケア

　スタッフだけのアフターミーティングを行い，改善点を次に生かしましょう。そして，グループの中で落ち着きがない人，傷ついている人がいなかったかを振り返り，その他どんな理由であれ，状態を見て気になった人について共有しましょう。そして，セッション後に個別にかかわる時間を持つように努め，集団療法への参加が対人不信につながらないようにします。

まとめ

　アルコール使用障害を抱えた人たちに対する集団療法で最も重要なキーワードは「安心・安全」であり，元来抱えた生きづらさがゆえの拙劣な対人関係能力を少しずつ伸ばしていくこと過程を見守ることが重要です。医療スタッフよりも，当事者たちの力のほうが圧倒的に勝っていると実感できれば，その空間はきっと「安心・安全」な場になっていることでしょう。

・・　引用文献　・・

小林桜児（2016）人を信じられない病－信頼障害としてのアディクション．日本評論社．

長徹二（2016）アルコール依存症の実態に関する研究．平成27年度厚生労働省障害者政策総合研究事業
　アルコール依存症に対する総合的な医療の提供に関する研究報告書（研究代表者　樋口進）pp.19-171.

Simmons, J., Brüggemann, A. J., Swahnberg, K. (2016) Disclosing victimisation to healthcare profession-
　als in Sweden: a constructivist grounded theory study of experiences among men exposed to inter-
　personal violence. BMJ Open, 6(6), e010847.

Procheska, J. O. & DiClemente, C. C. (1983) Stage and processes of self-change of smoking: toward an
　integrative model of change. Journal of Consulting and Clinical Psychology, 51, 390-395.

Isenchhart, C. E. (1997) Pretreatment readiness for change in male alcohol dependent subjects: predic-
　tors of one-year follow-up status. Journal of Studies on Alcohol and Drugs, 58, 351-357.

4　成人期の ADHD を対象にした集団認知行動療法　　中島美鈴

成人 ADHD に特徴的な認知や
行動とグループ内でよく見られる問題

　成人 ADHD の特徴は，多動性・衝動性・不注意です。これらの特性の背景には，ソヌガ・バークら（Sonuga-Barke, E. et al., 2010）の三重経路モデルによって明らかにされた次の三つの特徴があります。Inhibitory Control（抑制制御の障害）は，興味のある刺激に対してブレーキが利かないという特徴です。そのため，他の参加者の話している最中でも自分の気になった話題が頭に浮かぶと口を挟んでしまうとか，「今日このプログラムの後に映画でも見て帰ろうかな」などと興味のあることが浮かぶとそちらに気を取られて上の空になってしまうとか，プログラムのテキストを失くす（テキストを所定の位置に置くという行動の最中に，おそらく別の興味のあることがあってブレーキが利かずに飛びついてしまいテキストを紛失する）などのことが起こります。Delay Aversion（報酬遅延の障害）は，すぐに手に入る報酬にしか魅力を感じない特性です。そのため，プログラムの効果がすぐに現れないことでやる気をなくして脱落してしまったり，ホームワークをしてもすぐに褒めてもらえないと，やらなくなったりします。Temporal Processing（時間処理の障害）は，時間の長さの感覚が不正確であることです。そのため，プログラムの開始時間までに到着するためには何時に家を出ればよいのかなどの逆算や計画立てができずに遅刻してしまうこともあります。グループ内では，気づかないうちに長時間しゃべり続けてしまうかもしれません。

　また，こうしたベースの特性だけでなく，成人期までの経験から引き起こされた二次障害（うつ病や不安障害）に起因する認知や行動もあります。たとえば，「何度も宿題を忘れたり，危険な遊びをして保護者から叱られてきた」とか，「仕事のミスを繰り返し上司に叱られてきた」などの経験から，グループ内でも治療者や他の参加者に対して，「自分が何かミスをして怒らせてしまうのではないか」と心配して，なかなか打ち解けることができなかったり，セッションを休んでしまうこともあります。また，これまで計画的に学業や仕事を進めることができなかったという挫折経験から，ホームワークに対して「私にはできそうにない」とやるべきことの難易度を高く見積もってしまい，さらには「どうせまた失敗する」とネガティブな結果を予期し，先延ばしすることが多く見られます。

特徴に応じた集団認知行動療法の工夫

例1：遅刻や欠席を繰り返す参加者がいる

①事前面接を自宅からプログラム会場までの時間管理のリハーサルとする

事前面接の前に電話やメールで，それぞれの参加者と自宅から会場までの所要時間や交通手段などについて具体的に話し合っておきます。この一手間が雲泥の差となります。

②プログラム開始後の遅刻や欠席については背景の認知を概念化して話題にする

遅刻や欠席が，自分の問題に向き合いたくない回避であるのか，抵抗であるのか，「治療者や参加者を怒らせてしまった」という非機能的な認知であるのかを概念化します。そのうえで，「もしかして，こういう思いでプログラムがつらくなっていませんか？」と話題にします。成人ADHDにはよく見られる認知や行動であることを示し，ここで新しいパターンを経験してもらいたいことを伝えます。

例2：ホームワークの不履行

①セッション内に手順をリハーサルして十分に障害をとりのぞく

ホームワークの手順がはっきりとイメージできれば，実行率は上がります。セッション内で「ホームワークは何月何日の何時にどこでする」と決定するだけでなく，「手順書」を作り皆でやってみるとなおよいでしょう。また，「ホームワークをしたくても家の中が散らかりすぎていてできない」など治療者が想定しなかったようなホームワークへの障害があることがあります。十分に参加者に実施のイメージを促し，あらかじめ障害となりそうなことを挙げてもらい，解決策を講じます。そのためホームワークの設定には，多くの時間を配分する必要があります。

②締め切りを早期に設定し，提出がない場合に課題の難易度の調整をして失敗させない

多くの集団認知行動療法では，ホームワークは次のセッションに持参する形を取りますが，成人ADHDのグループでは，できれば締め切りを次セッションの2日前に設定することをお勧めします。これは，もし2日前までに提出がない場合に，課題の難易度を下げるなどしてホームワークの履行を促すことができるからです。集団の場で自分だけがホームワークを履行できなかったという失敗体験をさせないためと，集団のモチベーションを下げないために重要なポイントです。

③ホームワークへの動機付けを図る

　報酬遅延の障害に注目して，時間的に早く結果の出るようなホームワーク課題を設定します。たとえば，先延ばししがちな熟考を要する長時間に及ぶ課題は，スモールステップに分解して，1ステップ達成するごとに小刻みに達成感を得られるようにします。参加者自身に課題の後の報酬を設定してもらうことも大事です（自己報酬マネジメント）。セッション内で毎回ホームワークを参加者でシェアすることで他の参加者に認めてもらえることが，何よりの報酬になるのも集団のメリットです。

例3：他の参加者の話を遮る

①プログラム初期に心理教育セッションを設定し，抑制制御の障害について共有

　他の参加者の話を遮って話してしまうことを含む衝動的な行動について，「抑制制御の障害」として，参加者にはプログラムの早期に心理教育しておきます。そのうえで，グループのルールを参加者と共に設定しておきます。こうした前準備があれば，話を遮って話すという行動自体を防止できるだけでなく，もしそうした参加者がいても「少し前に皆で心理教育の中で学んだ抑制制御の障害が出てきましたね」という共通認識を持って，優しくなだめることができるでしょう。

②飲み物を用意して咄嗟の発言を控えるリマインダーにする

　①のような前準備があっても，わかっていてもやめられないし，すぐに忘れてしまうのがADHDの特徴であると覚えておきましょう。そのため，人の話を遮らないための工夫として，飲み物でも，マスクでも，さりげなく手を口に当てておくなど何か口を話すこと以外に使うような（話す行動と両立しないような）活動をしてもらうようにするのは効果的です。会社の会議で不用意な発言をしてしまうことで悩んでいる方にも使える方法です。

例4：一人で長く話しすぎてしまう

①コリーダーが「えっと何の話でしたっけ？　よくわからなくなってきました」などと代弁する

　集団の場で，特定の参加者がリーダーから注意を受けるのは，「恥」の感情を喚起させるだけでなく，集団の空気を緊張させます。それよりは，コリーダーが，参加者の一人のようなスタンスで，「（あまりに長く話が続いていて）なんの話をしているのかわからなくなりました」とか「もともと（プログラムのアジェンダとして）何をしていたのでしょうか？」ととぼけて集団に投げかけるというのはいかがでしょうか。一人が長く話す場では，大抵他の参加者も同様にうんざりしていていたり，自分の話す時間がなくなるのではない

かと心配していたり，この場を統制できないリーダーに対する信頼を失っていたりするものです。こうした他の参加者の気持ちを代弁することで，集団に「言いたいことの言える場」であるという安心感が生まれます。コリーダーがいない場合には，リーダーはこれまでの話を要約しながら，優しく遮り，なるべく皆が同じくらいの時間を使いたい旨を話すとよいでしょう。

②アジェンダの設定時におよその時間配分を皆で決めておく

セッションの始めに，毎回今回のアジェンダとおよその時間配分をホワイトボードに書いて，皆で決めていくとよいでしょう。こうして，時間の感覚を共有しておくことで，話が長くなった時にお互いで気づくことができます。

例5：集中できない

①セッションの間に休憩時間を取る

セッション時間が長すぎる可能性もあります。その場合には，途中で10分でも休憩をとると，驚くほど集中できるようになります。また，その10分にセッション中とはまた違った参加者の一面が見えたり，参加者同士でのちょっとした交流が生まれたりすることもあったりしておもしろいものです。

②コリーダーがフォローする

参加者がテキストやホワイトボードなどを目で追っているかどうか，ワークに集中できているかどうかに目を配っておきます。考えごとをしている間にセッションが進んでしまい，テキストのどこを開けばよいかわからなくなっている場合には，ページ数を教えたり，我に返るように声をかけたりします。

よくありがちな困難点と解決法の例

事例：「私には問題はない」とホームワークを履行しないAさん（50代男性）

50代男性の会社員。明るい性格で社交的。仕事の時間を有効に使えるようになりたいと参加しました。

グループでは，「みなさんはやることが多くて大変。私はうまくいっている」と発言し，ホームワークを履行しませんでした。他の参加者に対してアドバイスをするものの，自身の困りごとについては話すことはありませんでした。

リーダーおよびコリーダーは，Aさんの行動は，自分の問題と向き合うことやそれを

他の参加者にさらけ出すことへの不安が強く，回避であると概念化を行いました。そこでAさんに，グループが「できない自分を見せても批判されない場」であると感じてもらうことを目指し，ホームワークが不履行であることの問題解決よりは，参加できたこと自体を労いました。

　その結果，「ホームワークをまだ一度も提出できていない。簡単なものだと思うとあとまわしにしてしまう」と初めてできていない自分を開示し，さらに，「他の参加者は皆自分をさらけ出せていてすごい。自分も変わりたい」と変化への動機付けを高めていきました。最終回では，Aさんは初めて自分自身の問題について話し，「職場では弱みを見せられないが，この歳になって素直な自分になれたような気がする」と語りました。そしてフォローアップセッションでは，初めてホームワークを完遂することができました。

▬▬▬▬▬▬▬▬▬▬▬▬▬▬▬▬▬▬▬▬◆ 引用文献 ◆▬▬▬▬▬▬▬▬▬▬▬▬▬▬▬▬▬▬▬▬

Sonuga-Barke, E., Bitsakou, P., Thompson, M. (2010) Beyond the dual pathway model: evidence for the dissociation of timing, inhibitory, and delay-related impairments in attention-deficit/hyperactivity disorder. Journal of the American Academy of Child & Adolescent Psychiatry, 49(4), 345-355.

5　生活習慣病指導（糖尿病など）

巣黒慎太郎

特徴的な認知や行動とグループ内でよく見られる問題

　糖尿病はインスリン作用不足による高血糖状態が慢性的に続くことで網膜症，腎症，神経障害，動脈硬化性疾患などの合併症に進展して，命や生活の質を著しく損なう恐れがあります。糖尿病療養では，合併症への進展を防ぎ生活の質や寿命を保つために日常生活でのセルフケア行動〈食行動変容，運動習慣の形成と促進，体重や血糖の自己測定（必要な場合は内服，インスリン自己注射）〉が治療の基本となります。そのため，治療者は，患者のアドヒアランスを高める必要があります。つまり，患者が生活改善の意義を理解し，日常生活の場で主体的に習慣を改善するための，動機付けや行動変容を促すのです。

　こうした治療経過の中でよく見られる，生活習慣病の患者に特徴的な認知や行動についてご紹介します。

①危機感や予防意識を抱きにくい

　高血糖を指摘されても自覚症状がないため危機感や予防意識を抱きにくく，生活を改善する必要が感じられないまま受診せず放置したり通院を自ら中断したりします。あるいは医療者から義務として課せられたように感じながら他律的にセルフケア行動に従事していることも多くあります。

　また，問題・病は検査値としてしか認識されていないため血糖値や体重の数値を下げれば治癒したことになると誤解し，短期間で数値を大幅に改善しようと過度な運動や禁欲的に食事制限をしすぎてしまうこともあります。治療がうまくいけば，これまで後回しにしていた自身の健康についての認識を改め，健康に対する価値観を変えることができた人もいます。

②生涯療養が続くことに伴う苦悩

　完治のない慢性疾患であるためセルフケア行動を生涯にわたって絶えず維持することに困難や負担が生じやすく，糖尿病にまつわる苦悩（Diabetes Distress：DD）を体験することにもなります。DD は専門治療を要するような心理的障害とは異なり，糖尿病であればよく体験されるものですが，この苦悩が強いと，服薬行動，HbA1c（ヘモグロビンエーワンシー）の増悪，低い自己効力感，食事療法，運動療法への取り組みの乏しさなどとも

関係します。米国糖尿病学会の基本方針表明では，患者の心理社会的ケアにおいて生涯に
わたる観点で，心理的適応を考慮することが重要であるとし，特に，糖尿病と診断された
時，自己管理を学び対処を維持する時期，治療法の変更があった時に生じ得る DD への援
助が有益と考えられています。

③ライフイベントや対人交流場面での困難

　生活場面での誘惑に対処しきれず，仕事上や仲間つきあいでの会食で「自分だけ飲み控
えるわけにはいかない」，「勧められたら断れない」，「"今日くらい食べてもいいじゃない"
と誘われると食べてしまう」と他者と合わせる難しさを体験しがちです。

④飲食に偏ったストレスコーピング

　これまでストレスを感じた際には，「空腹でなくても食べてしまっていた」という患者
もいます。食べることにより疲れや不快気分を和らげる飲食に頼ったストレスコーピング
が課題となっている例と言えます。

⑤セルフケア行動の挫折をめぐるネガティブな感情

　患者が食行動の変容などのセルフケア行動を続けられず，間食してしまったり，食べす
ぎてしまったりすることもよく見られます。こうした際に，患者の中には，つまづき，逸
脱したことに罪悪感を覚え自責したり，長続きせず中断となった自分を「意志が弱い」と
自信を失ってしまうことも見られます。グループで治療を実施する場合には，他の参加者
でセルフケア行動を継続できている人と自分を比較して，「自分だけが失敗してしまった」
と引け目を感じる人もいます。

特徴に応じた集団認知行動療法の工夫

　他疾患と同様に，同じ困難を抱えた同病者が自分の他にもいるという集団の効力（普遍
化）を前提に，同じ立場の者が療養上で努力，工夫している姿を見聞きして学びあえる（コー
ピングモデルからのモデリング）場として設定します。集団認知行動療法も個人と同じく
スキル習得の機会となるようにします。また，コツやアイディアを柔軟に発案したり参加者
同士が直接的にアドバイスしあう相互支持的な関係を築けるようにリーダーが促進します。

①糖尿病であることの認識や感情を話し合う

　糖尿病と長くつきあっていくためには，DDや感情的負担に気づき，折り合いつけておく大切さを心理教育したうえで，糖尿病への先入観，イメージなどを聴いていきます。特に病歴が浅い参加者ほど，「糖尿病と告知されて，どう感じたか」を丹念に聴きましょう。「いつかはなると思っていた」，「なぜ自分が？」，「まさか自分が」と動揺（落ち込みや怒り，不安，戸惑い）などが語られれば，リーダーは共感を示し，その参加者個人にとって罹患体験がどのように体験されたのかを尊重しながら，支持し，承認していきます。それと同時に，DDは一個人の体験にとどまらず，グループの他の参加者にも共通して見られることを共有しながらノーマライズしていきます。また，リーダーは他の参加者に対して「最初の心理的な揺れをどのように折り合いをつけてきたのか」を尋ね，参加者間で直接アドバイスが生じるよう促します。

　また疾病教育で病気の知識は，得てもなお「自分が糖尿病だと実感が持てない」，「軽度だからまだ大丈夫」など楽観的な病識が語られることがあります。その場合でもリーダーは指導し正すのでなく傾聴し，他の参加者に「危機感を持つに至った契機」を尋ねて語ってもらいます。また，糖尿病（合併症）によって参加者自身の生活がどう妨げられるか，より具体的に身近な問題として考えてもらいます（視力低下で運転できない，楽譜が読めない，また自身の趣味や仕事に大きく支障するなど）。これらは健康信念モデルを参考にし，脅しを与える形ではなく病気への感受性と重大性を尋ねることでセルフケア行動を促すことを意図しています。

②血糖コントロールの先にある独自の生き方を明らかにする

　セルフケア行動を達成し血糖値・体重の管理することに一喜一憂し過ぎる代わりに，何のためにセルフケア行動を実行するのか，血糖コントロールや健康状態が保てていたらどうのような過ごし方が自分らしい生活で自身の喜びとなるか，その人なりのセルフケアの意義を引き出し，グループで共有します。「もう一度学校に通いたい」，「孫の成人式を見届けたい」，「他者の世話がなくても自分の脚で歩き続けたい」など，何を大切にしたいかという価値が明らかとなりセルフケア行動に主体的に関わる動機付けともなります。

③セルフケア行動の阻害要因に対処する

　行動変容のヒントとして行動の生じた前後のつながりを観察，分析することを心理教育し，「状況・きっかけ‐行動‐結果」の三項随伴性に目を向けることにより自身の行動がどのような外部・内部環境（空腹や疲労などの身体状態，感情状態）で生じやすく，行動

がどのような機能，働きをしているかを自覚しやすくなります。たとえば，外出中は低血糖を恐れて空腹でなくても間食していた，煙草をやめてからイライラして口寂しく，一人でいる時に甘いものを食べるようになったなどです。また再発予防的にも，セルフケア行動が中断され不健康な行動が生じやすいハイリスク状況を明らかにし，それらへの対処スキルを養うことで問題のある生活習慣への逆戻りを防ぎます。グループでは多くの人が体験しやすいハイリスク状況を共有しておけるとよいでしょう。

④困難への対処を学ぶ

　運動習慣や間食節制，インスリン注射を忘れず打つことなど継続できている方には，その習慣について，長続きしている秘訣・コツを他参加者に向けて披露してもらいましょう。リーダーは適宜，その秘訣に行動科学的視点や知見で補強してセルフケア行動継続のエッセンスとして共有します。あるいは，対処の難しい場面について皆でアイディアを持ち寄ります。「いただきものはもったいないので食べてしまう」という参加者の困りごとに対して，リーダーは参加者全員に向けて他の対処方法がありそうかを尋ねると「お裾分けして配る」「その場で食べずに持ち帰って処分する」などの発案，助言が得られたりします。また他の参加者がどのように工夫して伝えているのか，具体的なセリフを教えてもらい，それを模範として取り入れることでコミュニケーションスキルの向上を狙います。簡易なSSTに発展させることもできるでしょう。周囲に自身の病状を理解してもらい協力を得るには，「頼む」「伝える」「相手に〜してもらうようお願いする」といったソーシャルスキルを養うことも有用であり，「自身の病状を他者に伝えることで自分の健康を守る」という健康意識を高めることにもつながります。

・・・・・・・・・・・・・・・・・・・・・・・　引用文献　・・・・・・・・・・・・・・・・・・・・・・・

Young-Hyman, D., de Groot, M., Hill-Briggs, F., Gonzalez, J. S., Hood, K., & Peyrot, M.（2016）Psychosocial care for people with diabetes: A position statement of the American diabetes association. Diabetes Care, 39, 2126-2140.

6　慢性疼痛を対象にした集団認知行動療法　　　　吉野敦雄

慢性疼痛の特徴的な認知・行動（図 6-6-1）

　慢性疼痛の特徴的な認知・行動を理解するには，まず痛みそのものの性質について簡単に理解する必要があります。痛みは「不快な感覚，情動体験」であるとされています（国際疼痛学会：IASP）。つまり，痛みによって体験する内容とは「痛い！」という感覚的なものに加え，悲しい，不安，恐怖，怒りなどの情動や感情，「早く治まってほしい」「このままずっと痛みが続くのでは」などの認知，さらに人によっては泣く，じっとして動かなくなる（活動の制限）といった行動も同時に体験されます。いずれもほとんどがネガティブな内容のものばかりです。なぜなら痛みの体験は，本来人間の身体の身を守ろうという生命維持の中で警告信号となるものだからです。よって特に急性痛の場合，痛みの体験は治療の進展に威力を発揮します（たとえば急性腹痛→虫垂炎の発見→治療，など）。

　しかしながら，そのようなネガティブな要素がたくさんある痛み体験を慢性的に受け続けるとどうなるでしょうか？　慢性疼痛は「原則的に，痛みに対する治療，あるいは非麻薬性鎮痛薬のような，一般的に疼痛をコントロールすると言われている治療方法に反応しない状態が 3 カ月以上続くもの」と定義されています。感情的には悲しい，不安などが持続することになりますし，認知面では「もう治らないのではないか」といった悲観的なものがますます強くなります。さらに行動面でも活動が減って自宅で過ごすことが多くなるかもしれません。このように痛みが慢性化すると，心理社会的に大きな悪影響となります。さらに紙面の都合上ここではあまり詳しく述べられませんが，そのような心理社会的状況になると痛みの体験そのものがより大きくなります。痛みが強くなるとさらに感情・認知・行動に悪影響を与える……という悪循環に陥ってしまいます。

　痛みが遷延する要因にはさまざまあるといわれています。器質的要因としては神経損傷などが挙げられます。しかし痛みが遷延し慢性化する場合には，器質的要因のみならず，家庭や仕事での不適応，貧困，社会的孤立，などの社会的要因や痛みに対する破局視（例；痛みは恐ろしく圧倒されてしまう，痛みが消えるかどうかいつも心配している），抑うつ・不安，無気力，自尊心の低下，などの心理的要因が大きな影響を与えていることがしばしば見られます。ですから治療を行う前に患者さんの成育歴や本来の性格特性，家族や社会，学校との関係性，痛みに対する認識，などを事前に聴取することが重要です。

　このような背景を踏まえたうえで，慢性疼痛に対する認知行動療法を行う際の主な目標は，痛みに悪影響を及ぼす認知・思考や行動を減らし，別の新たな適応的な思考や行動を増やすことによって，痛みや抑うつ・不安などの精神症状の改善や身体機能・社会機能の

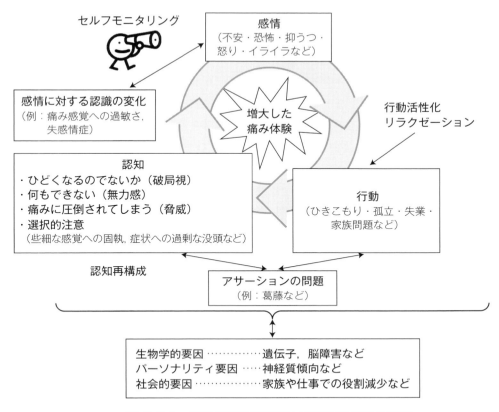

図 6-6-1　慢性疼痛の悪循環と認知行動療法の役割

改善を目指します。詳細については別稿に譲りますが（吉野ら，2012；吉野ら，2017），認知・思考に関しては，痛みによって何もかも失ってしまった，ダメージを受けてしまったという損失・無力的思考，痛みは太刀打ちできない非常に恐ろしいものであり，自分の能力では対処することができないという脅威的思考，身体症状への不安・心配や狭小化に導くような選択的注意（痛みばかりに気をとられてしまう），身体感覚は潜在的に害のあるものであり悪化する一方であるという破局的思考を，「痛みがあっても少しずつできることがある」，「痛みはある程度自分でコントロールできるものである」，「痛みがあってもうまく付き合っていくことができる」，「以前よりもよくなっている」などのより適応的な思考に変えていきます。行動に関してはひきこもり，活動低下，自己主張（アサーション）の低下，不必要に多い鎮痛薬・安定剤の使用などを，生活における活動量の上昇や，鎮痛薬の減少，医療機関への受診の減少などに変えていきます。まず目指すべき目標は，疼痛があったとしても，日々の生活において過度な精神的ストレスがなく，生産的に満足のいく活動ができ，医療機関も定期的に受診できる状態になることです。

慢性疼痛の特徴に応じた集団認知行動療法の工夫

　海外の報告（Morley et al., 1999）では，慢性疼痛に対する認知行動療法のうち，グループで行っている割合は約8割となっており，慢性疼痛にとってグループの役割は大きいとされます。理由としては，上述のように周りの理解が得られにくいため社会的孤立を感じることが多く，グループ形式によってこのような境遇に対する共通認識を持つことにより，相互のサポート機能を得ることができるようになるとされています。また治療中において，ひきこもりや抑うつなどの悪循環を表出する他のメンバーを客観視することによって，適切な対処方法を考えやすくなります。認知・行動面の検討を行う際にも，時には治療者からのアドバイスよりも同じ痛みを抱える患者からの言動が有益となる場合もあります。

　このように慢性疼痛に対して集団認知行動療法は有用ですが，いくつか気を付けておきたい点があります。慢性疼痛に対する認知行動療法そのものへの注意点とともに示します。

感情や考えをうまく抽出できない

　極端な場合には，痛みの強さを10として，その時の感情の強さを1と評価する方もいますし，中には感情を「楽」と評価する場合もあります。臨床での印象ではありますが，痛みの感覚に固執するあまり，感情や考えを捉えることができなくなっている方も見受けられるように思います。また普段ずっと痛みを抱えている方は多少の痛みの軽減によって気分が楽に感じることもあるかもしれません。さらに人によっては「悲しいと言っていると痛みに負けてしまう」というような認知があるかもしれません。上記のように痛みにはさまざまな要素があり，細かく分けることで対策も取りやすくなりますので，治療の前半のセルフモニタリングでは特に感情の認識に気を付けて対応することが重要だと考えています。

　感情の種類をうまく同定できない場合もあります。「つらい」や「しんどい」といった身体症状か感情かを区別することが難しい場合，特に慢性疼痛では感情に特化したものを明確にするようにしています（たとえば怒り，抑うつ，など）。感情をしっかり伝えることが重要であることを患者さんにお示しする場合，下記の内容を簡素に伝えるようにしています。

- 感情をしっかり把握することによって，これから行う治療がそれらを軽減することができ，痛みそのものも楽になってくるかもしれません
- 感情を正確にとらえることは，ネガティブな感情だけはなくて，ポジティブな感情もとらえやすくなり，快活動を増やすことができるようになります
- 少し自分の体験について理解してみましょう。現在のさまざまな混乱の要因としてあまり自分の体験を言語化できていないということがあるかもしれません

感情や考えに蓋をする

　上記と重複するかもしれませんが，明らかに内面に職場や家族などの対人関係に対して精神的なストレスを抱えているのにそれがあまり表出されず，セルフモニタリングにおいて痛みに固執する場合があります。たとえば，客観的に見て明らかに職場に対するストレスを抱えているにもかかわらず，腰痛のことばかりに話題が集中する場合などです。その場合，本人にとって最もつらい関心事になっている腰痛の話題に着目しながら，どういった時にその痛みが強くなるのか弱くなるのか，さまざまな状況と関連付けていくことが重要であると考えます（例：職場のことを考えている時に腰痛が強くなる，など）。そういったつながりに気を付けるためにはやはりセルフモニタリングにて痛みを細かく分けて考えることが重要です。

　感情に蓋をしている傾向が強い場合，アサーションが困難な場合があります。本人がホームワークで書いてきた内容が本当に本人にとって大事なものかどうか，痛みの裏に隠されている心理的な痛みがないかどうかに絶えず注意する必要があります（例：夫への不平不満，など）。特に職場への怒り，家庭への怒り，交通事故への怒り，医療者への怒りなど，痛みの原因として怒りがテーマになることがしばしばあります。

「心因性」というワードに対して敏感になる

　慢性疼痛の患者さんの中には「心因性」というフレーズに対してネガティブに反応する場合があります。「自分は痛みが問題であって，この痛みが感情からくるものではない」と言われる場合もあります。その場合，下記の内容のように脳内メカニズムとして痛みを理解するとわかりやすい時があります。

- 慢性的な痛みというのは学習された心−体症候群です。つまり，感情的な経験をする場合，痛みの脳の経路と同じような経路が使われます。よって痛みがある場合，生活，ストレス，痛みに関わる恐怖の信念，そういったものが今度は痛みを作ったり，増幅させたりすることがあります。よってストレスにさらされている時にどのように対応するかを検討することによって痛みを和らげる方法を見出すことができるようになります。

治療に対する懐疑的な態度を示す

　慢性疼痛の患者さんが心理療法を受ける場合，さまざまな身体科を受診され，（本人の認識において）治療効果があまり得られていない状態で来られる方がほとんどです。加え

て医療全般に対する懐疑的な考えを持っている場合もあります。その場合にはそういった考えに共感しつつ，痛みにはさまざまな要因があること，慢性疼痛では痛みそのものだけではなく，感情や考え，生活の問題が大きくかかわっていること，ここで行う治療はそのような感情や考え，生活を変えていくことを主眼にしており，結局はその改善が慢性疼痛そのものの治療につながっていくことをお伝えしています。同時に痛みそのものへの治療も引き続き身体科で行うことを促しています。

　例）「これまで多くの医療従事者から治療を受けてきたと思います。その中には効果があったもの，なかったものがあったかもしれません。今回の治療における私の役割やこれから一緒に行うことについて説明します。痛みに加えて，生活でストレスとなっているたくさんの心配事があると思います。これらを経験することは大変つらいと思います。なぜならそのストレスがさらに痛みを増幅し，慢性疼痛の悪循環のもとになっている場合があるからです。今回の私の役割はそういった生活でのストレスを緩和するための方法を一緒に考えていくことです」

目標設定について

　患者さんによっては，「痛みをゼロにしたい」という目標設定を挙げる方がいます。これまでの生活で慢性的に痛みに苦しめられているのでそのような思いに至ることは自然なことかもしれません。患者さんのその思いを理解したうえで，まずは今ある痛みの強さを1ポイントでも2ポイントでも下がるような生活面での工夫がないかを検討するようにしています。治療期間の間（当科では約3カ月）にそれが到達できれば，治療終了後も治療で行った内容を続けていくことによって少しずつ痛みの強さが下がっていくことを伝えています。

痛みを中心とした思考について

　「痛みをよくしない限り幸せにはなれない」という痛みを中心とした思考にとらわれてしまっている場合がよくあります。その場合，痛みに対して無力感を感じていることがしばしばありますので，上述の痛みの悪循環について説明したうえでより気分や生活に注目してもらいつつ，その痛みは自分である程度コントロールすることができる（特に気分や行動に対して）ということを説明します。そのうえで下記のような声掛けをすることがあります。

　「痛みがあってもなくても今のようなつらい気持ちを抱いていたいとは思いませんよね」，「つらい気持ちを改善させることを目標に置くことが生活をより充実させるための近道になるかもしれません」

グループ内での痛みに対する過度な共感

　これまで幸いなことに私たちの慢性疼痛でのグループでは患者さん同士のトラブルなどをあまり目にすることはありませんでした。逆に多くの場合，他の患者さんの痛みに対して過度に共感しすぎる場合が多く見られました。お互いに共感しあうことは非常に重要な面ではあるものの，特に認知再構成を行う時にはそれが支障となる場合があります。よって，そのセッションに入る前段階で入念に痛みに対する不適応な思考（破局視など）について説明を行い，そのうえで認知再構成を行うようにしています。また他の患者さんへ適応的な思考を提案する場合，できるだけ中立的な立場（あまり共感しすぎずに）で代替案を提案することを促しています。

怒りに対処する

　慢性疼痛の患者さんにおいて，怒りをたくさん抱えていることがよく見受けられます。その訴えが出た場合はまず丁寧にその話を聞くことが重要だと思いますが，下記の内容を確認しながら聞くことが重要であると言われています（Gatchel et al., 2007）。
　①怒りのきっかけとなったストレス（もしくは事故）がどのようにその後の怒りとして発達しているか〈行動（回避的，もしくは攻撃的），感情表出の乏しさもしくは極端な固執など〉，②最近特に経験した怒り，③怒りに対する他の人の反応，④怒りによる自身の行動の種類，人間関係への影響
　これらを把握することによってその後の怒りへの対処をより円滑にすることができると考えます。

最後に

　慢性疼痛の特徴的な認知・行動について，慢性疼痛の特徴に応じた集団認知行動療法の工夫について述べました。多くの慢性疼痛の患者は，集団認知行動療法に参加する前に自分のような境遇の人がどれだけいるのかということを質問してくることが多々あります。ペインクリニックなど同じ待合室で一緒になることはあっても，直接それぞれの状況についてお話しする機会はほとんどありませんし，自身の周りに同じような方がいることもほとんどありません。集団という形式は，より多くの方が孤立感を和らげることができるようになり，このような枠組みでの治療は大変有意義であると日々の臨床で感じています。

━━━━━━━━━━━━━━━━━━━━━━━ 参考文献 ━━━━━━━━━━━━━━━━━━━━━

Gatchel, R.J., Peng, Y.B., Peters, M.L., Fuchs, P.N., & Turk, D.C. (2007) The biopsychosocial approach to chronic pain: scientific advances and future directions. Psychol Bull, 133, 581-624.

Morley, S., Eccleston, C., & Williams, A. (1999). Systematic review and meta-analysis of randomized controlled trials of cognitive behaviour therapy and behaviour therapy for chronic pain in adults, excluding headache. Pain, 80, 1-13.

吉野敦雄・岡本泰昌・堀越勝 (2012) 慢性疼痛の認知行動療法 (特集：身体医学領域における認知行動療法). 認知療法研究, 5, 147-155.

吉野敦雄・岡本泰昌・山脇成人 (2017) 慢性疼痛に対する認知行動療法の有効性 心理社会的考察から神経科学的考察まで. 日本運動器疼痛学会誌, 9, 277-285.

7　　がん患者を対象とした集団認知行動療法

平井　啓

この疾患・問題に特徴的な認知や行動と
グループ内でよく見られる問題

　がん医療は日々進歩していますが，依然として生活や生命を脅かす疾患であることには変わりなく，がん患者は，病気に伴うさまざまな心理社会的問題を抱えています。がん患者の精神症状については，無作為に抽出されたがん患者のうち，32％が適応障害，6％がうつ病であると報告され（Derogatis et al., 1983），精神疾患と診断される状態ではない患者でも心理的なサポートを必要としていると指摘されています（Akechi et al., 2001）。しかし，がん患者の多くは，がんに罹患するまでは社会の中で適応的に生活していた人であり，自分が精神疾患やそれに近い状態にあるという認識はありません。「心の問題」を扱いたいと思っているわけではなく，あくまでもがんに罹患したことに伴う問題として不安や心配事を抱えていて，それらをなんとかしたいと思っています。がん患者の悩みや負担に関する調査では，不安などの「心の問題」が最も多く挙げられていますが，それ以外にも，副作用や後遺症の問題，人間関係，経済面の問題など，多岐にわたる具体的な問題が挙げられています（「がんの社会学」に関する合同研究班，2004）。そして，そうした問題に対する認知と心理反応が複雑に絡み合う状態を経験しています。たとえば，たまたま痛みを感じたことをきっかけに「病気が再発するのではないかと心配」になり，「病気やお金のことが気になって趣味の旅行に行けず」，「友人と会っても話が合わなくなり」，その結果「毎日が憂うつな気分」になり，さらに，「身体の状態をずっと気にして」「再発についていろいろ考え」，より「外に出たくなくなる」といったように，ネガティブな思考と行動が連鎖する悪循環に陥りやすくなっています。がん患者を対象とした集団認知行動療法では，がんに伴って生じる現実的な問題を取り上げる中で，それと絡み合った心理的な問題にアプローチすることが望ましいと考えられます。

　一方で，さまざまな心配事を抱えながらも，心理面のサポートに対する援助要請を自ら行うがん患者は多くありません。話を聞いてもらいたい，何らかの支援をしてほしいというニードはあるものの，具体的にどうしていいかがわからないと感じている人が多いようです。心理面のサポートとして，通常の精神科や心理カウンセリングルームのような場の利用も考えられますが，カウンセリングを受けたいというニードはそれほど高くありません。また，がんに限定されない心理サービスを利用すると，支援者ががん特有の問題や医療的な側面について詳しくない場合もあり，がんに関する説明や経過などの説明を一からしなければならないことを苦痛に感じるがん患者もいるようです。がん対策基本法などに

よって，がん患者の心理社会的サポート資源は増加していますが，機会を設けるだけでは必要な人のサービスの利用には繋がらない可能性が高いため，集団認知行動療法を実施する際は，参加者のリクルートに工夫が必要です。また，患者は，がんに関する理解があることを期待していると考えられるため，がんやその治療に関する専門的知識のある人がスタッフに含まれることが望ましいでしょう。自分のがんについてよく理解してくれているという点で，治療を担う主治医に話を聞いてもらいたいという気持ちも強いです。そうした主治医との良好なコミュニケーションの取り方は，がん患者にとって重要なテーマの一つです。診察時間内に主治医に尋ねたいことを聞くための具体的方法をグループ内で検討したり，他の患者が積極的に主治医と話をしていることをモデルにしたりすることで，集団認知行動療法の場で主治医との関係性に関する問題に取り組むこともできます。

　また，命にかかわる疾患であるがん患者にとって，「死」は少なからず意識せざるを得ないテーマです。しかし，家族や友人など自分の身近な人と死について話すことは難しい場合もあります。普段の生活の中では死に関する話題は避けられがちですが，がん患者を対象とした集団療法を実施する場合，そうしたテーマが話題に上がることを想定しておくと良いでしょう。

特徴に応じた集団認知行動療法の工夫

〈参加への動機づけ・リクルートに関する工夫〉

　①主治医と協力して参加を促す

　がん患者は通常，がんという身体疾患で通院しているという認識を持っているために，「心理面のサポートを受ける」ことや，心理的サポートを受けるために「通常の診察以外に定期的に何回も集まる」ということが心理的なバリアとなったり，負担に感じる場合があります。そうした場合，患者の主治医にも協力を依頼して，がんに関する「治療の一環として集団認知行動療法を実施している」と患者に伝えられるような体制を組むと参加を促しやすいです。

　②まずは初回だけの参加OKで募集を行う

　集団認知行動療法は，複数回のセッションで構成されることが多いです。しかし，最初から「すべての回に参加する」ことを条件にすると負担が大きくなるようです。そこで，初回に関しては，1回のみの参加OKとして募集することをお勧めします。まずは，実際にその場に足を運んで，グループの雰囲気をわかってもらうことや人間関係ができたりすることで，継続しての参加に繋がりやすくなります。また，募集をする際に，心理面のサポートであることを前面に出すのではなく，「自分でできるストレスコントロール法」な

ど，患者ががんの治療を受ける中で重要だと思うことができるテーマを掲げて募集することで，参加へのハードルが低くなると考えられます。

〈グループの参加者の構成〉

①集団認知行動療法の恩恵を最大にするための配慮

がん患者を対象とした集団認知行動療法は，スタッフや場所の都合から，平日の日中の病院での開催が多くなります。しかし，平日の昼間に病院に来ることができる人は限られているため，そうしたグループの参加者の構成は，高齢者中心になることが多くなります。がん患者に占める高齢者の割合は7割を超えていることから（厚生労働省，2016），高齢者が多くなることは当然のことと言えます。もし，就労中のがん患者を対象とした集団認知行動療法を行いたい場合は，開催時間を夕方や夜間，さらに土曜日などに開催するなど開催時間に関する工夫が必要となります。

一般的に，集団認知行動療法は背景の異なる多様な参加者で行ったほうがブレインストーミングなどの活動が活性化しやすくなり，お互いに学びあうことができるという利点があります。ただし，あまりに年齢や性別に偏りがあったり，初発のがん患者が大半の中に終末期のがん患者が一人だけ含まれるなどの，メンバー間の背景に大きな差があると，共通の問題点を見出すのが難しくなったり，少数派が疎外感を感じやすくなったりします。集団認知行動療法を実施する場合，たとえば，仕事を続けながらがん治療に取り組む患者など，具体的な状況の中で問題や悩みを抱えている人，自分で問題に対処する力を身につけることによって状況の改善が大きいと見込まれる人が介入の恩恵を受けやすいと考えられます。できれば，共通の問題や悩みを持つ方々でグループを構成することができれば集団認知行動療法の効果をより大きくすることができます。

参加希望者が少ない場合，集団の構成に配慮することが難しいこともありますが，グループの効果を最大限引き出すために参加者の構成に配慮すること，また，集団認知行動療法の恩恵が高いと思われる対象者をリクルートする方法を検討することも重要なことです。

②集団認知行動療法に向いていない人への対応

がん罹患は，年齢や性別，社会的地位などに限定されず誰にでも起こり得ることです。がんの罹患を条件にグループの参加者を募りますが，参加希望者にはさまざまな人が含まれます。中には，発達上の特性が強い人，認知機能に問題が見られる人，精神症状が重い人などが含まれることもあります。また，特性や障害の有無にかかわらず，期待やこだわりが強い人，怒りが強すぎる人やクレーマー的な行動が多い人など集団での対応が難しい人も存在します。集団認知行動療法では，参加者がセルフモニタリングできること，言語理解が十分で抽象概念を用いて，ファシリテーターや周囲の人とコミュニケーションをと

ることができることが必要になります。そのため，集団精神療法に適していないと判断される人には，別のサポート資源を紹介することが望ましいでしょう。基本的には，グループ開始前の面談の時点でアセスメントして適切な対応が取れると良いですが，グループ開始前にそうした特性に気づかない場合もあります。グループの進行が困難になる場合や，本人や他の参加者にとって有益ではないと判断される場合，グループに加えて，または，グループではなく，個別対応へと案内するのが良いでしょう。がん患者を対象とした集団精神療法では，「がん」に焦点を当てることが重要ですが，同時に，がん罹患以前からあるその人の特性や障害にも目を向けることが，グループを円滑に進めるうえで大切になります。

事例：軽度の発達的な問題があったと考えられるAさん

　50代女性。夫と20代の娘と同居。乳がんに罹患し，手術後補助化学療法を終了。集団問題解決療法に参加する中で，Aさんは，「娘が夫にお金を借り，夫がお金を渡してしまう」ことを問題として挙げました。それに対して，「お金を渡す上限を決める」という目標を設定し，「娘の話を聞く」という解決策を実行してもらいました。その結果，娘と話をすることはできたのですが，特にそこから何かを学ぶというような変化は見られませんでした。Aさん自身は，自分の抱えている問題についての話ができたことに満足されていたようですが，問題解決のプロセスを身につけて自分の生活の中で汎化するという方向には進みませんでした。

　この事例では，Aさんに軽度の発達的な問題があったと考えられ，「セルフモニタリング力」が十分に働かなかったことから，問題解決療法の良さを生かすことができなかったと考えられます。前述の通り，問題解決療法はじめ認知行動療法では，参加者がセルフモニタリングできること，言語理解が十分で抽象概念を用いて，ファシリテーターや周囲の人とコミュニケーションを取ることが必要となるからです。

「死」に関するテーマの扱い

　①参加者が亡くなった場合の対応

　がん患者を対象とした場合，途中で参加者が亡くなることがあります。その際，参加者が亡くなったことを話題にするかどうかが問題になります。メンバーが固定されたグループの場合，欠席する参加者やその欠席理由について簡単に言及します。参加者同士でグループ外での人間関係が築かれていることもあり，亡くなったという事実はグループ内で共有することが望ましいと考えます。メンバーの死に言及しないと，死に関する不安は話すべきではないという誤解や，もし自分が死んだ場合も同様に話題にされることがないという

怖れを生むことに繋がります。このことは，がんが進行して参加が難しくなったメンバーに関しても同様であると言えます。ただし，参加者の死や病状の悪化をどの程度積極的にテーマとして扱うかは，グループの目的や状況によっても異なります。たとえば，がん患者を対象とし，実存的心理療法を基盤としたスピーゲル（Spiegel, D.）らの支持・感情表出型のグループ（Spiegel & Classen, 2000）では，参加者が亡くなった際には，その参加者の死に関する話題を積極的に扱うことを推奨しています。一方で，集団認知行動療法の場合は，ファシリテーターの側から，他の参加者の死を積極的にグループのテーマとして取り上げることは少ないと思われます。

　②グループのテーマとして「死」を扱う
　参加者が亡くなる場合以外にも，グループの中で死に関する話題が出ることはあります。グループの種類にかかわらず，死に関する話題が出た時の基本的な対応の一つとして，参加者の心の中にある漠然とした不安や気がかりを言葉で表現する「外在化」を行うことが有用だと考えます。死を意識しながらも普段口にすることができない患者にとって，言葉にして具体化する場があることはそれ自体が助けとなります。さらに，外在化することで問題が明確化し，それに対処するための方法を考えることが可能になります。参加者が望む時に，グループ内で死に関する話題をオープンに話すことのできる安全な雰囲気を作ることが何よりも重要です。また，死について考えることがグループの中心的な目的ではありませんが，集団認知行動療法でも，その方法や目的に合った形で，がん患者のニーズに応えることは可能であると考えます。

事例：死の不安をテーマとして扱った B さん

　実際に，筆者が行っていた問題解決療法のグループにおいて，余命告知をされたことで生じるようになった強い不安と悲しみを解決したい問題として扱ったことがあります。Bさんは，診察でがんが再発し，余命が1年であることを主治医から伝えられました。その後家に戻り，夜一人になると悲しい気持ちに襲われてしまうという状況でした。これはいわゆる「死の不安」という体験で，これに対処したいということで問題解決療法のグループに参加されました。Bさんは，再発前にも問題解決療法のグループに参加経験があり，今回の体験の中で，グループのことを思い出して参加されたとのことでした。この時の問題解決療法のセッションでは，「一人になると悲しい気持ちに襲われる」という体験を扱うこととしました。そこで，「もしそのような不安が襲ってきたら，どのようにそれと付き合うか？」について具体的な方法をディスカッションして，そこで考えた方法をホームワークとして試してもらいました。その結果，少し「死の不安」に対処できるようになったとその後のセッションで報告されました。

　このように，がん患者の集団認知行動療法では，「死」のテーマを扱う場面が出てくることがあります。その際，「死」を起点としてどういう感情となるのか，どういう思考になるのか，その結果どういう行動となるのか，という認知行動療法の視点でアセスメントすることで積極的に取り扱うことが可能になると考えています。

············· 引用文献 ·············

Akechi, T., Nakano, T., Okamura, H., Ueda, S., Akizuki, N., Nakanishi, T., Yoshikawa, E., Matsuki, H., Hirabayashi, E., & Uchitomi, Y. (2001) Psychiatric disorders in cancer patients: descriptive analysis of 1721 psychiatric referrals at two Japanese cancer center hospitals. Japanese Journal of Clinical Oncology, 31(5), 188-194.

Derogatis, L.R., Morrow, G. R., Fetting, J., Penman, D., Piasetsky, S., Schmale, A. M., Henrichs, M., & Carnicke, C. L. Jr. (1983) The prevalence of psychiatric disorders among cancer patients. Jama-Journal of the American Medical Association, 249(6), 751-757.

Dzurilla, T. J., & Goldfried, M. R. (1971) Problem solving and behavior modification. Journal of abnormal psychology, 78(1), 107.

「がんの社会学」に関する合同研究班（2004）がん体験者の悩みや負担等に関する実態調査報告書概要版—がんと向き合った7,885人の声．https://www.scchr.jp/cms/wp-content/uploads/2015/11/taiken_koe_jpn.pdf

厚生労働省（2016）全国がん登録罹患者数・率報告．https://www.mhlw.go.jp/content/10900000/000553552.pdf

Spiegel, D., & Classen, C. (2000) Group Therapy for Cancer Patients: A research-based handbook of psychosocial care. Basic Books.

Yalom, I. D. (1980) Existential psychotherapy. Basic Books.

森田達也（1999）終末癌患者の実存的苦痛—研究の動向．精神医学，41, 995-1002.

8　認知症介護家族への集団認知行動療法　　　　　　藤澤大介

I　認知症介護家族の心理状態

　認知症の介護に携わるご家族（以下，介護家族）は，認知症患者さん（以下，患者さん）の認知・生活機能低下，Behavioral and Psychiatric Symptoms of Dementia（BPSD），喪失と悲哀，家族内の役割変化や不和，介護家族自身の余暇や社会的つながりの減少，などにより大きな心理・身体ストレスを経験します。介護家族の抑うつ・不安の有病率は30 〜 50％と報告されており（Joling et al., 2015），在宅介護困難や介護虐待などと関連しています。厚生労働省の認知症施策推進総合戦略（新オレンジプラン）も，介護者支援を中心施策の一つに定め，心理的ケアも含めた包括的な支援が必要とされています。

II　複合的介入としての集団認知行動療法

　介護家族の介護負担，抑うつ，不安の軽減を目的としたさまざまなプログラムが報告されていますが，心理教育，行動マネジメント（99 ページ参照），介護者自身のストレス・マネジメントなどを組み合わせた複合的介入（multi-component intervention）が最も効果的である（Adelman et al., 2014）ことがわかっています。

　筆者のグループは，複合的介入の一つで，大規模ランダム化比較試験で介護家族の抑うつや QOL の改善，医療経済的有益性が実証された，英国の STrAtegies for RelaTives（START）プログラム（Livingston et al., 2013）を日本の現場で用いやすい形態に修正して効果検証を行っています（田島他，2018）。

　都内の認知症疾患センターで実施したパイロット試験では，1 回 90 〜 120 分×隔週 5 〜 6 回の形式で（表 6-8-1），介護家族の抑うつ，不安，介護負担，QOL が介入前後で優位に改善しました。現在，ランダム化比較試験を実施中です（藤澤他，2019）。

III　プログラムの内容

1．心理教育

　心理教育は，認知症を理解し，症状への対応や介護における対策を検討するために必要な情報を得ることを目標とします。認知症の症状を，脳の疾患・機能障害という観点から理解し，認知症の病型ごとの特性を知り，現在の症状だけでなく将来予期される認知症の

表 6-8-1　集団認知行動療法の構成例

回	知識	技能	ストレスマネジメント
1	認知症の基礎知識	応用行動分析 （気分と行動のつながり）	リラクセーション法
2	患者さんの行動を理解する	応用行動分析 （きっかけや反応への介入を考える）	サポート体制を考える リラクセーション法
3	患者さんの行動を理解する	行動活性化（講義）	行動活性化（演習）
4	患者さんとの上手なコミュニケーション（講義）	患者さんとの上手なコミュニケーション（演習）	認知再構成（演習）
5	患者さんとの上手なコミュニケーション（講義）	コミュニケーションの実際	認知再構成（演習） マインドフルネス
6	将来に備える	終結と将来への対処	体験の共有

進行について知識を得てもらうことで，介護者が将来に対して抱く不安を和らげることを目指します。特に BPSD については，脳の問題，心理な問題，悪化させる要因（身体的不調や環境の問題など）が複合的に影響することの理解が，今後の対処の基礎となります。

　より具体的には，軽度の認知症では要点を絞っての見守りや意思決定についての配慮をすること，中等度の認知症では社会上の支援や行動・心理症状への対応が必要となることが多いこと，重度の認知症では身体的介護や日常生活動作（activities of daily living：ADL）への支援が必要になることなど，重症度ごとに必要な情報を伝えていきます。社会・福祉資源についての情報も重要です。運動，社会的交流，生活習慣病の管理など，認知症者や介護家族が自分自身で行える認知症進行予防についても情報提供します。さらに，介護者自身のストレスとそのマネジメントの重要性についても話し合います。こういった心理教育によって，認知症について変えられない部分については受容し本人が安寧に過ごせるかかわりを家族が行えるよう促すと共に，介護者や本人が主体的にかかわることで変わり得る部分もあることを伝え，介護における自己効力感を支え，後述する行動マネジメントやストレス・マネジメントへの動機付けにもつなげていきます。

2. 行動マネジメント

　行動マネジメントとは，応用行動分析の考え方を用いて，きっかけ→行動→反応，の三つ組で患者さんの行動に対応するものです。次の例をもとに考えてみましょう。

> 　例）夜中の３時，認知症のＡさんが家中をうろうろして，娘を起こしました。娘は困惑し，「お母さんベッドに戻って！　まだ３時よ。私は明日仕事なの」と言いました。「眠くないのよ。今日は出かける予定じゃない？　準備しなくちゃ」とＡさん。娘は「いい加減にして！」と叫び，Ａさんは泣き出してしまいました。娘は絶望的な気持ちになりました。

　問題となる行動に遭遇すると，私たちはその行動自体を修正したくなるものですが，多くの場合，それは困難です。認知症症状として出現している行動であればなおさら修正は難しいでしょう。介入可能な領域は，認知症の患者さんの行動のきっかけとなる事象と，介護者の行動に対する反応であり，その二つの領域への働きかけを検討します。認知症の患者さんの行動の背景にある感情を推測することでそれはさらに容易になります。

　この事例では，「夜中にうろうろする」行動の背景として，夜間目が覚めてしまったこと（さらにその背景としては，前日に昼寝をしてしまったことなど）が想定されます。見当識障害のある患者さんにとって夜中薄暗い中，周囲に人気のない場所に一人でいることは心細い感情を伴うだろうと想像されます。夕食を十分に食べていなければ空腹を感じているのかもしれません。高齢者に併発しがちな，体調不良，聴力低下，視力低下などの身体な特徴や夜間の照明，日中の低刺激など生活習慣，居住環境にも配慮します。娘さんのイライラした対応は，患者さんの心細さをさらに助長すると想定されます（図 6-8-1）。

　以上のような背景を踏まえて，別の対応を考えてみます。患者さんの行動を直接コントロールしようとするよりも，その背景にある状況や感情を想像することで，対応のバリエーションが広がってきます。たとえば，お茶を飲み少し休んでから寝室に誘導するなど，がそれに当たります（図 6-8-2）。

　こういった事項について，できればグループ内でのワークを通して柔軟なアイデアをたくさん出してもらい，その新たな対応を，各参加者が自宅で実践し，その結果をグループ内で話し合うことを通じて，学びを定着させていきます。

3. 介護家族のストレス・マネジメント

　介護家族自身のストレス・マネジメントも，プログラムの重要な要素の一部です。リラクセーション法，行動活性化，認知再構成などを教育します。具体的な内容は標準的な認

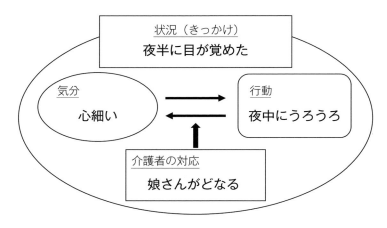

図 6-8-1　応用行動分析に基づく BPSD の理解の例

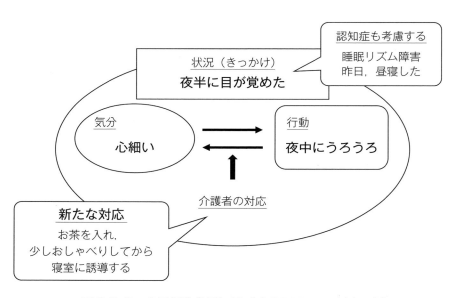

図 6-8-2　応用行動分析に基づく BPSD への対応の例

知行動療法の手法に基づくものであるため，詳細はここでは割愛しますが，行動活性化では，介護が生活上の最優先になっていることが多い介護家族が，無理のない形で自身の楽しみや達成感を増やせる活動計画を話し合います。介護に関するサポートを周囲に求めるためのアサーショントレーニングを行うこともあります。マインドフルネスに基づいたエクササイズは，リラクセーション効果と共に，認知症やそれに伴う生活・人生の変化に関する受容を促す一助となります。

Ⅳ　治療上のポイント

1．参加者の特性への配慮（Laidlaw, 2015）

　認知症介護家族のプログラムは，参加者も高齢で，認知障害や身体的制約を抱えている可能性が高いでしょう。参加者の身体・認知・社会能力に配慮したプログラム進行が求められます。

　具体的には，①プログラムのペースを落とす（1回のセッションに多くを詰め込まない），②セッション内で頻回にまとめを行う，③情報を繰り返し伝える，④治療者がより積極的・指示的な役割を担う（支持・傾聴を重視するあまり議題が流動しすぎないようにする），⑤認知的課題よりも行動的課題に重点を置く，⑥抽象論でなく具体的な課題に落とし込む，⑦環境への配慮（例：騒音の少ない明るい部屋を選ぶ），などが挙げられます。

　参加者の強みを活かすことも考慮します。参加者の豊富な人生経験を活かし，人生における困難にどう対応してきたか，そこから何を学んだか，などを引き出すことができると，プログラムに広がりが出て，参加者の自己効力感が高まります。

2．患者さんと介護家族の関係性への考慮

　（認知症に限らず）病気は家族内の力動に影響を与えるものです。介護家族は患者さんを保護する意図で，「できるだけリスクの低いやり方」（例：危なっかしいことはさせない）を取りがちです。それが，患者さんの自立や自由と相反し，両者の間に摩擦が生じる原因となります。医療・福祉・介護従事者を交えて家族内で話し合い，患者さんにとっても介護家族にとっても無理のない（そして，医療・福祉・介護従事者にとっても容認できる）“ほどほど”のバランスを調整することを目指します。その際には，関連する人々の間でできる限り広くコンセンサスを形成しておくことが望ましいでしょう。主治医，患者さん，主介護家族の間で納得して始めたやり方が，事情を知らないその他の医療・福祉・介護者や親族からの一言で，それが突き崩されてしまうケースをしばしば見かけます。関連する人たちの間で広くコンセンサスを共有しておくことが大切です。

　病前（認知症の発病前）における，患者さんと介護家族との関係性も配慮します。もともと家族間の関係性が良好であれば，介護家族にとって自発的な行為となる介護も，もともとの関係性が良くない家族にとっては，認知症発症によって，いわば「介護」という社会的・倫理的義務を無理やりに課せられた形になります。逆に，家族間の関係性が親密過ぎる家族の場合には，“ほどほどの距離”を取ることが難しく，他者の力を借りずに介護を抱え込みすぎてしまったり，志向する介護水準が高すぎて介護福祉サービス提供者とうまく関係が築けなくなってしまったりする可能性があります。

3. 潜在するテーマを扱う

　介護者プログラムの参加者は，自身の問題に取り組むというよりも，「患者さんを良くするために」という感覚でプログラムに参加している場合が少なくありません。その結果として，「介護家族自身が感じている悩みやつらさ」が正面きって扱われにくい構造があります。

　そのような構造を理解しつつも，介護家族が潜在的に有している問題について，治療者は意識しておきたいものです。プログラムでは，これまでに述べてきたようにさまざまな知識やスキルを教示するものの，背景に流れる，介護家族自身が抱える根本的なテーマに触れてその手当てをできるかが，プログラム成功の大きな鍵を握っているといえるでしょう。患者さんの自立性の喪失と，それに伴って変わりゆく自身の人生や生活のあり方に関する悲哀が，中心的なテーマとして存在します。

　治療者は，セッションの中で表在化している（表立って語られている）話題に対応すると同時に，「この介護家族はなぜこの話題を語っているのだろうか？」という背景の心情を考えておきたいものです。たとえば，認知症の進行を遅らせる方法や，問題行動への具体的な対応法などといった“やり方”ばかりを繰り返し質問してくる介護家族には，認知症という病気や，病前と変わってしまった患者さんの言動を受容しがたい心情が背景にあるかもしれません。そのような場合には，治療者は単に「やり方」を回答するのではなく，「どのようなやり方を取っても，以前とまったく同じようにいかないのはやるせないですね」などと，心情を汲んだ言葉かけをすることができるかもしれません。

　介護者自身の生活（楽しみ・対人交流・社会的役割）の縮まりや生活上の心配（将来への不安，経済的負担など），患者以外の家族（親族）との摩擦などの問題も，介護家族に多く見られますが，こういった話題は，自分や家庭の事情を公の場で話すことへの抵抗感とあいまって自発的に語られず，話題にするには治療者の側から働きかけが必要な場合が多くあります。同時に，こういったデリケートな話題はプライバシーに十分な配慮が必要です。「介護家族によく見られる困難の例」などの一般論として話題に挙げ，プログラム参加者の反応を見ながら，そのような問題の存在や，そのような問題を話題にすることへの準備性を評価していきます。個別性が高い問題については，セッションの中で取り上げるのではなく，セッションの前後に個別相談として対応することも考慮します。

　介護プログラムの参加者の感情には，認知症に伴って生じたさまざまな喪失と悲哀，介護家族が感じる孤独感，無力感，罪責感などがあります。プログラムでは，さまざまな認知・行動スキルを活かして，表に出ている問題に手当てをしていくわけですが，その土台には，そういった感情に対する治療者の十分な支持・共感と，治療者も含めたプログラム参加者全員が，病気や時間の流れには棹さすことができないという受容（肯定的な意味でのあきらめ）の感情をさりげなく共有できていることが，プログラムの凝集性を高め，維

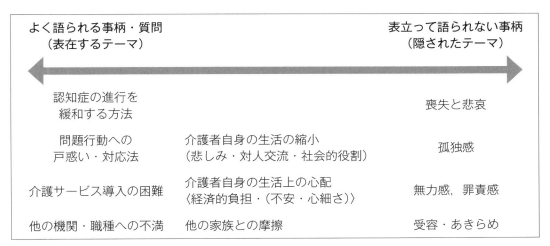

図 6-8-3 認知症介護者プログラムでみられるテーマ

持するうえで重要と考えられます。認知症介護家族への認知行動療法の要点を一言で述べるならば，認知症を持つ患者さんの気持ちを理解し，認知症という病気によって崩れかけていた患者さんと介護家族との結びつきを，本来の温かい家族関係に結い直すことである，と筆者は考えています。

引用文献

Adelman, R. D., Tmanova, L. L., Delgado, D., Dion, S., & Lachs, M. S. (2014) Caregiver Burden-A Clinical Review. JAMA, 311 (10), 1052-1059

藤澤大介・色本涼・田村法子・石川博康・田島美幸 (2019) 認知症家族介護者の認知行動療法：START（家族のための戦略）プログラム：基礎編．保健師ジャーナル, 75 (2), 148-152.

Joling, K. J., van Marwijk, H. W., Veldhuijzen, A. E., van der Horst, H. E., Scheltens, P., Smit, F., & van Hout, H. P. (2015) The two-year incidence of depression and anxiety disorders in spousal caregivers of persons with dementia: Who is at the greatest risk? The American Journal of Geriatric Psychiatry, 23 (3), 293-303.

Laidlaw, K. (2015) CBT for older people—An introduction. SAGE publications Ltd.

Livingston, G., Barber, J., Rapaport, P. et al. (2013) Clinical effectiveness of a manual based coping strategy programme (START, STrAtegies for RelaTives) in promoting the mental health of carers of family members with dementia: pragmatic randomised controlled trial. BMJ, 347, f6276.

田島美幸・石川博康・吉岡直美・原祐子・佐藤洋子・吉原美沙紀・藤里紘子・重枝裕子・岡田佳詠・藤澤大介 (2018) 地域における認知症の家族介護者向け認知行動療法プログラムに関する取り組み．保健師ジャーナル, 74 (12), 1046-1051.

9 女性グループ

岡田佳詠

I 女性に特化した集団認知行動療法

一般的に「女性限定」という言葉は，女性の立場からすると，女性好み満載でお得感や満足感，また女性だけの安心感が得られるように感じ，期待度が高まります。筆者が，女性うつ病患者に特化した集団認知行動療法を立ち上げようとした理由は，そういった一般的な女性を優遇する，という意味合い以上に，女性特有の認知・行動の傾向がうつ病の症状と関連することを自身の研究（岡田，2006）で明らかにしたことが発端と言えます。女性うつ病患者の認知や行動の特徴とそれらへの対処を含めた集団認知行動療法が，多くの女性うつ病患者の症状や生活機能改善に貢献できるのはないかと考えたからです。

岡田（2006）では，女性は，親，舅姑，子ども，配偶者など，身近な重要他者との関係の中で，妻，嫁，娘，母親などのいくつもの役割を同時にこなし，重要他者との関係を形成・維持していますが，女性うつ病患者の場合，身近な重要他者と心理的に適切な距離が保てない傾向が見られました。一方，男性患者の場合は，職場での人間関係の問題がメインで，身近な重要他者との問題はほとんど出てこないという特徴がありました。具体的には，女性うつ病患者は，妻や母親といった自分の役割に対して過剰な責任感を持ち，無理矢理にでも果たそうとする義務感に縛られること，自分のことよりも重要他者の気持ち・考え，望むことをあれこれ憶測し，それに沿うように過剰に配慮することです。また一方では，重要他者に頼り切り，世話をしてもらって当然と考える傾向もありました。さらに，重要他者との関係やコミュニケーションにおいて，相手の反応を敏感に受け取り，相手の言うことを拒否できなかったり，我慢したりといった行動のコントロールができない傾向も見られました。これら認知・行動の傾向が女性うつ病患者の症状や生活機能低下と関連していたのです。これらの女性の認知・行動の特徴は，従来女性に求められる性役割と共通する部分も多く，うつ病の症状や生活機能低下とも関連することは，女性患者への認知行動療法を実施する際，重要な介入ポイントになると考えました。

この研究結果をベースに，女性うつ病患者を対象とする「女性のための集団認知行動療法」を2006年4月に立ち上げ，2019年12月末時点で37クールを実施しています。

この「女性のための集団認知行動療法」がめざしていることは，表6-9-1のように，重要他者との関係性を振り返り，その中での認知・気分・行動・身体状態を振り返り，問題・課題解決に向けて認知・行動のスキルを学び，日々の生活に活かしていくことです。このプログラムの概要は表6-9-2の通りで，参加対象は常勤職を持っていない主婦が入れるようにし（筆者の実施施設で同時に「職場復帰をめざす集団認知行動療法」が行われて

表 6-9-1　「女性のための集団認知行動療法」のめざすこと

①家族など，身近な人とどんな付き合い方をしているかを考えよう。
②その中で，どんな「気分」「認知」「行動」「身体」の状態を体験しているか，それらはお互いにどうつながっているか，またこれから改善や調整の必要なことは何かに気づこう。
③「認知」や「行動」を見つめ，よりよく変化させるためのスキルを学ぶことで解決に向けて踏み出そう。
④これらの学びを，毎日の生活の中で活かそう。

表 6-9-2　「女性のための集団認知行動療法」の概要

〈参加対象〉 以下の条件を満たす女性患者 　①うつ病等の気分障害と診断されている 　②主治医の承諾が得られている 　③原則として常勤職を持っていない 　④症状が安定している 　⑤すべてのセッションに参加可能　など 〈参加者数〉 　5 〜 6 名 〈教材〉 　オリジナルのテキスト・ワークシート	〈場所〉 　健康指導室 〈診療の枠組み〉 　外来（外来通院集団精神療法） 〈セッション回数・時間〉 　全 8 回 　（プレセッション＋本セッション 7 回）， 　1 回 90 分 〈スタッフ〉 　看護師 1 名，医師 1 名

おり，対象者を明確に分ける意図もあります），5 〜 6 名の少グループとしています。プログラムは表 6-9-3 の通りで，女性特有の点として，第 1 回の「うつの女性の考え方の特徴」に上記の認知の特徴を，また，第 6 回にコミュニケーション（行動）の特徴を含めています。1 回のセッションは図 6-9-1 のように構造化して進めており，開始時のホームワークの報告後，双方向的な心理教育，個人ワークをし，その後，グループワークを行います。グループワークでは，上記の特徴的な認知や行動，たとえば，「夕飯を作れないのは主婦失格だ」といった考え（認知）で落ち込む（気分）参加者に対して，他の参加者から「その気持ち，わかる」と共感的な反応が返されたり，「『今まで家事はすべて自分がやってきたから，今は夫に頼んでもいい』と考えると気が楽になる」といった別の考え方を示してもらうことで，考え方の幅が広がり，落ち込みが軽くなるという体験ができます。集団の場合，同じような病気や悩みを体験している参加者からのコメントや意見は他の参加者に響きやすく，すんなりとうけとめることができます。そういうセルフヘルプができる場を作ることが集団認知行動療法では大切になります。最後のホームワークは参加者のできる範囲のことをやってくるように伝えます。

表 6-9-3 「女性のための集団認知行動療法」のプログラム ＊太字は，女性特有の内容

セッション	内容	介入の焦点
プレセッション	状況・認知・気分・行動・身体のつながり ＊「5つの領域の関連図」作成	概念化
第1回	**うつの女性の考え方の特徴**，うつの思考10パターン	認知
第2回	気分を確かめ，自動思考を見つめる方法 ＊「三つのコラム」作成	認知
第3回	バランスの取れた考え方を導き出す方法（1） ＊「7つのコラム」作成	認知
第4回	バランスの取れた考え方を導き出す方法（2） ＊「7つのコラム」作成	認知
第5回	問題解決能力を高める方法 ＊「問題解決策リスト」作成	行動
第6回	**コミュニケーションの特徴とチェック**	行動
第7回	アサーションの方法 ＊「アサーション・トレーニングシート」作成	行動

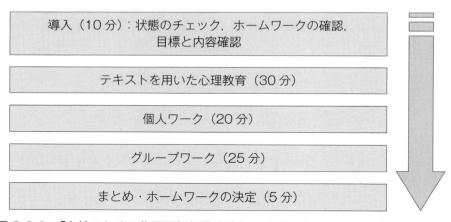

図 6-9-1 「女性のための集団認知行動療法」の1回のセッションの流れ

Ⅱ　女性に特化した集団認知行動療法の意義

　この女性うつ病患者の認知・行動の特徴を踏まえた集団認知行動療法の実践を通して，女性に特化したプログラムを行う意義は，やはり女性特有の悩みを共有でき，問題・課題の解決につながりやすくなることが挙げられます。

　これまで参加した多くの女性患者は，終了時に「女性ばかりだったから話しやすかった」，「夫（あるいは男性）にわかってもらえないことが話せてよかった」といった感想を述べます。男性がいる中では，「自分の悩みを話せない」，「話してもわかってもらえない」という認知が根強いのかもしれません。家事や子育て，ママ友とのつきあい，介護などは，女性にその役割が集中しがちで，「男性とは共有できない」，「男性に話したところで解決策は見つからない」というあきらめもあるのかもしれません。一方，こういった悩みは女性同士なら理解しやすく，同じ参加者からも元気がもらえたり，具体的な解決策が得られることも，集団認知行動療法を行う中でしばしば感じます。共通した悩みをシェアし，解決に向けて共に歩む，というグループの凝集性は，女性の場合にはかなり高まると言えます。それは，初回，お互いに知らない者同士であまり会話は進まなくても，それぞれの病気を抱えることでの悩み，周囲の人との関係の中での困りごとがわかってくると，「自分だけが苦しんでいるのではない」，「同じように悩む人が他にもいる」ことに気づくことができ，距離感が縮まって，これまで周囲には言えなかったことを集団認知行動療法の場で言えるようになることから始まります。集団認知行動療法のファシリテーターは，この点を理解し，参加者が抱える困りごとを表現しやすく，参加者同士で意見を出し合い解決策を導き出せるように支える役割があります。

　これまでの参加者には，女性に特化した集団認知行動療法だから参加した，という方もいました。男性へのトラウマ体験があり，男性の参加者がいる集団認知行動療法には参加が難しい方です。こういう方にとって「女性限定」というのはそれだけで安心でき，参加したいという動機付けも高まります。その方が，そのトラウマ体験を語るかどうかは，個人の選択にゆだねていますが，他の参加者の考え方や対処法を聞く中で，トラウマ体験にどう向き合うかを考える機会を得ることができます。

　女性限定の集団認知行動療法のデメリットがあるとすると，男性が入らないことでの集団全体での認知的な偏りが生じ得ることかと思います。本来は，男女の割合が同程度で，一般社会を反映する集団が理想かもしれません。しかし，日本では，女性が家事や育児，介護の大半を担い，かつ非常勤あるいは常勤職で働くという過重な役割を担う社会構造が現実としてあり，心理的にも周囲からは家庭の中の女性としての役割，たとえば家族関係の調整などが期待されています。その中でうつ病を発症し苦しむ女性に対して，女性に特化した集団認知行動療法は，現在でもニーズがあると実感しています。

10　司法・犯罪分野およびアディクションを対象とした集団認知行動療法

　　　　　　　　　　　　　　　　　　　　　　　　嶋田洋徳・浅見祐香

この疾患・問題に特徴的な認知や
行動とグループ内でよく見られる問題

　法務省は，2006年の刑事収容施設法の施行に伴い，新設された（特別）改善指導の一つである「性犯罪再犯防止指導」に集団認知行動療法を導入しました。このことは，実はわが国で最も早く（うつ病の診療報酬化以前に）集団認知行動療法が法令に位置付けられたことになります。改善指導とは，受刑者に対し，犯罪の責任を自覚させ，健康な心身を培わせ，社会生活に適応するのに必要な知識および生活態度を習得させるために刑務所等の矯正施設で行う指導を言い，一般改善指導と特別改善指導があります（法務総合研究所，2011）。このうち，特別改善指導は，諸事情によって，改善更生および円滑な社会復帰に支障があると認められる受刑者に対し，その事情の改善に資するように，特に配慮して行う改善指導であり（法務省性犯罪者処遇プログラム研究会，2006)，「性犯罪再犯防止指導」に加えて「薬物依存離脱指導」にも集団認知行動療法が用いられています。また，同様の趣旨で，保護観察所では，専門的処遇プログラムが実施されており，「性犯罪者処遇プログラム」，「薬物再乱用防止プログラム」，「暴力防止プログラム」などがあります。少年院等の少年施設においても，特定生活改善指導が実施されており，薬物非行防止指導，性非行防止指導，暴力防止指導，交友関係指導などがプログラム化されています。

　これらの展開において，国家機関による性犯罪再犯防止を目指した集団認知行動療法は，わが国の司法・犯罪分野における治療（処遇）技法として，公的機関，民間機関にかかわらず，大きな影響を与えることになりました。もちろん民間の医療機関等では，当該の法律の制定以前にも（集団）認知行動療法が行われていましたが，諸外国のエビデンスに鑑みて法務省が公的に導入したことによって，少年や成人を対象とした福祉施設，家庭裁判所等の司法施設にも知られるところになり，問題となる行動が犯罪であるか（窃盗症など）否か（合法のギャンブル障害など）にかかわらず大きな広がりを見せています。

　集団認知行動療法の実施形式は，一般的な集団精神療法と同様に，クローズド形式，オープン形式，ロリング形式（いつでも新たに参加可能でありながら，参加者は各自の進度でプログラムを順に進める形式）に分類することができます。民間では，オープン形式や開始終了時期を定めておくセミクローズド形式を用いることがほとんどですが，矯正施設で実施されている形式は，一定程度の法令による強制力を持ったクローズド形式で行われています。したがって，他の分野と比較しても，参加者の動機付けの程度は個人差が非常に

大きいところに特徴があります（一般に動機づけが低い傾向にあります）。なお，性犯罪再犯防止指導の場合には，参加者のリスクアセスメントに基づき，原則三つの密度（＋特別プログラム）に分類されますが，最も密度が高いプログラムでは，約9カ月間にわたって週2回程度が標準であるとされています。

　また，問題となる行動が合法か違法かを含めて，扱う内容の善悪がはっきりとしているため，「社会的望ましさ」の影響を大きく受けることもこの分野の集団認知行動療法の特徴の一つです。これを背景として，中には，いわゆる事件を「否認」している場合も少なくなく，プログラムの進行を左右することもあります。また，民間施設を含めた社会内処遇の場合には，問題を起こしている本人の自発性がほとんどなく，家族等が無理矢理に連れてきたり，家族等からの非難を避けるために嫌々ながら参加したりする方にもしばしば出くわします。そして，参加者（メンバー）や支援・指導者（リーダー）は，本来は行動の変容を主目的にしているにもかかわらず，いわゆる「反省」の弁をグループの中で語る（語らせる）ことに終始しやすくなります（反省が問題行動を低減させるというエビデンスはほとんど存在しません）。

　司法・犯罪分野およびアディクションにおける集団認知行動療法の場合も，大きくは再犯防止を共通の目標として，同じタイプの犯罪・非行行動を行った参加者を集めてグループを形成します。集団認知行動療法においては，個々の参加者の問題行動に関する機能分析的視点に基づく「ケースフォーミュレーション」は欠かすことができませんが（グループという「森」のみを見るのではなく，参加者という「木」をしっかりと見ていくこと），当該の分野は犯罪名等（犯罪の手口）でグループ分けされることが多いため，他の分野以上に個別の機能分析に基づくアセスメントが重要な意味を持っています（逆に，犯罪の手口が異なっていても同じような機能を有していることもしばしばです）。少なくとも，何らかのストレスが犯罪を引き起こしているという「負の強化」の側面のみに着目していると，適切な介入ができなくなってしまうおそれも生じますので，十分な留意が必要です。性犯罪を例にとってみると，すべての行動が「ストレス発散」の機能によってのみ維持されているわけではなく，「性欲そのものの充足」をはじめとして，「いつ相手の女性に騒がれるのかというスリル」や「人の支配欲の充足」が随伴している場合もしばしば見受けられます。このように，司法・犯罪分野およびアディクションにおける集団認知行動療法の場合，他の分野よりもなお一層，参加者個々人のアセスメントが必要になってくるため，治療効果を高める際の「構造化」の視点が非常に意味を持ちます。

　従来の集団精神療法等においては，リーダーのファシリテートによる参加者同士の自発的な相互作用そのものを症状の改善における主たる治療メカニズムであると仮定しています。実際に，集団精神療法等は一度に多くの対象者に対して治療を提供できることに加え，自身と同じ疾患や問題を有する他者に出会うことによって，当該の疾患や問題を克服する希望をもたらしたり，効果的なアドバイスが得られたりすることや，グループを社会の縮

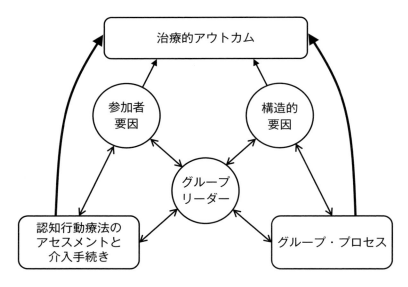

図 6-10-1　集団認知行動療法の治療構造
（Burlingame et al., 2004 を一部改変）

図として浮かび上がる参加者の対人関係のあり方の修正がロールプレイなどを通して可能
であることなどが利点として指摘されています（Yalom, 1995）。一方で，集団認知行動
療法においては，毎回のセッションにおけるアジェンダの達成のためにリーダーによる参
加者間の相互作用の促進が重視されます。この点に関して，バーリンゲームら（Burlingame
et al., 2004）は，集団精神療法等の一般的な利点を踏まえたうえで，形式的変化理論を加
えた「構造化された」集団精神療法等の治療メカニズムに関するモデルを提唱しています
（図 6-10-1）。このモデルに基づくと，集団認知行動療法の治療的アウトカムに影響を及
ぼす要因は，二つの軸によって理解が可能であることが指摘されています（Bieling et al.,
2009, 2018）。その一つ目の軸は，形式的変化理論であり，個別で実施される形式と共通
した認知行動療法の技法や手続きのことを指しています。二つ目の軸は，グループ・プロ
セスであり，従来の集団精神療法等が重視してきた集団凝集性などの向上を中心とした手
続きのことを指しています。これらを総合的に考えれば，認知行動療法におけるグループ・
プロセスは，認知行動療法の技法や手続きの適用による変化を引き出すための重要な構成
要素と位置づけられており，この機能的側面から「グループ・メンテナンス」とも表現さ
れます。大切なことは，集団認知行動療法として，認知行動療法の技法や手続きを用いて
対象者個人の治療上のアウトカムを最大限に高めるためには，リーダーを含めたグループ
のありようを，あくまでも互いの「環境」ととらえ，それを十分に活用しながら治療（的
支援）を進めていくことです。

特徴に応じた認知行動療法の工夫

事件を否認・最小化したり，問題行動を認めなかったりする

①発言内容の真偽について否定せず，主観的体験と客観的事実を区別しながら整理させていく

事件や問題行動を否認・最小化することのそのものの意図（機能）を適切にアセスメントする必要があります。それが真実である（裁判等でそう解釈された）可能性もある一方で，グループという環境がそのような反応を引き起こしている（恥をかくことの回避，心理的優位性の獲得など）可能性も大きくあります。

②参加者の主観的体験の随伴性（認知）を中心にすえて，具体的な対処法を検討させていく

事件や問題行動を認めさせることは，治療的に有用である一方で，説得やあるべき姿の提示を繰り返すことは，かえって参加者の抵抗を生じさせ，それが停滞に結びついてしまうことがあります。まずは参加者の主観的体験の中でどのようなことが結果として問題だと周囲にとらえられたのかを考えます。

③治療者側が認知の歪みの変容のみにこだわらず，他の行動的，情動的技法の適用を検討する

参加者にとっては，グループでの発言や態度がその後の処遇や治療方針等にどのように扱われるのかがわからず，自身の主張や考えを曲げないということもあります。その際には，元来の治療的アウトカムが何であったかに立ち返り，認知的技法ばかりでなく，行動的，情動的技法の適用を考えます。

表面的に模範的な発言や反省の弁，問題に至るプロセスの持論ばかりを繰り返す

①問題となる行動について，機能分析的に主観的体験の再理解を行うよう働きかける

参加者によっては，自身の劣悪な生育歴等をうまくつなげて，事件や問題行動に至る「分かりやすいストーリー」を再構成して，説明を続けることがあります。もちろんこれが妥当である場合もありますが，それが自身の行動の「学習」に影響を与えたのかという観点から機能的に再整理を促します。

②模範的な発言や反省の弁を繰り返すこと自体の機能をアセスメントする

　その後の処遇や治療方針等への影響，依存欲求の充足，社会的賞賛の引き出しなど，少しでも自身にメリットがあることをねらって，参加者がリーダーの喜ぶような反応をすることにしばしば出くわします。そのような時は，発言の内容そのものよりも，率直に振り返ることに対して強化的に振る舞います。

③問題となる行動によって得られていた主観的メリットを丁寧に振り返させる

　この分野の治療では，問題となる行動を止めることが治療上の重要なアウトカムになるため，具体的な対処法が「○○しない」となってしまうことがしばしばです。そこで，問題行動の機能を理解させるため，問題行動のメリットについて，一旦「社会的望ましさ」を脇において，展開するように試みます。

グループセッション中に発言しない，ホームワークに取り組まない，しばしば欠席する

①グループに参加する目的や，参加そのものによって得られるメリットを再提示する

　この分野は，自身の問題を解決することを期待しておらず，法令等によって参加を義務づけられたり，制度的な有利性を獲得するためであったり，家族等に無理やりに連れてこられたりする方もしばしば見受けられます。当面はそれをむしろ活用して進め，やがてグループ参加の実感を伴わせるよう試みます。

②開かれた質問を多く用いて参加者に話をさせながら，動機付けを高めていく

　開かれた質問を用いて，対象者が発言すること自体に対して強化的に振る舞います。その上で，変化に向かう発言が出てきたら，丁寧に拾い上げていくことによって，動機付けが高まることもあります。この観点に対しては，動機付け面接法の一連の手続きを用いていくことも有効です。

③対象者が大切にしたい価値を明確にして，その価値に沿った行動の遂行を検討していく

　参加者は，犯罪・非行やアディクションを繰り返す中で，問題行動の価値が高まってしまっていることも少なくありません。より適応的な価値を明確にすることは，犯罪・非行やアディクションの価値を下げる際に相対的に有効である場合もあります。

治療者に対して抵抗したり，攻撃的な振る舞いをしたりする

①参加者の気持ちに寄り添いつつ，その背景にある気持ちを言語化させていく

中には「こんなプログラムに何の意味があるんだ！」などと治療者へ声を荒げたり，机をたたいたりということを行う参加者もいます。まずは，傾聴的態度で落ち着かせながら，行動の背後にある不安や不満などの気持ちについて気づくように促し，それを言葉で伝えた際に，治療者が強化的に振る舞います。

②リーダーが「その発言は○○というルールに違反している」などと明確に示す

物を投げる，女性スタッフを性的にからかうなど，ルールを逸脱した行動に出くわすことも珍しくはありません。その際，リーダー側から「相手を尊重する」などという集団で合意の得られたルールを再提示することが必要です。しばしば違反が繰り返される時は，内容の進行を一旦止めて場を再設定します。

③発達障害やパーソナリティ障害等が疑われる場合は，治療者側は一貫した態度を保つ

この分野の参加者には，人に対する操作性やうそが目立ったり，対人関係の不安定さがグループで表出されたりすることも少なくありません。そのような場合にはむしろ，過剰に反応することは避け，治療の文脈に沿った発言に対して「分化強化」的に振る舞うといった態度を一貫することを心がけます。

よくありがちな困難点と解決法の例

事例：「グループの効果は疑問」と批判を繰り返すAさん（40代男性）

性犯罪のグループに参加した40代男性。社交的でプライドが高い。

グループでは，「この内容は自分には当てはまらない」，「自分たち（犯罪者）のことをわかっていない」などと批判的な発言を繰り返していました。リーダーとコリーダーは，Aさんの行動は，内容を強制的に押しつけられると感じたことへの抵抗の表れであると見立て，その解消のために，Aさんが自分の考えを話せる時間を確保し，その言葉を丁寧にオウム返ししたり，コリーダーが意図的にAさん側に立ち，Aさん自身の認知に沿った展開をしたりしながら内容の理解の促進に努めました。その後しばらくすると，「自分自身にとって役に立ちそうなものはどんどん採り入れようと思う」，「ただ内容や相手を否定するのではなく，代替案を考えるようにするのがよいと思う」という発言が増え，Aさん自身の問題に対する理解が深まるにつれて，グループの展開を積極的に引っぱろうとする行動も見られるようになりました。

引用文献

Bieling, P. J., McCabe, R. E., & Antony, M. M.（2009）Cognitive-Behavioral Therapy in Groups. Guilford Press.（嶋田洋徳・野村和孝・津村秀樹（監訳）（2018）集団認知行動療法の理論と実践．金子書房）

Burlingame, G. M., MacKenzie, K.R., & Strauss, B.（2004）Small group treatment: Evidence for effectiveness and mechanisms of change. In M.J. Lambert（Ed.）, Bergin and Garfields' handbook of psychotherapy and behavior change（5th ed., pp. 647-696）Wiley.

法務総合研究所（2011）犯罪白書：少年・若者犯罪者の実態と再犯防止．平成23年版法務総合研究所．

法務省性犯罪者処遇プログラム研究会（2006）性犯罪者処遇プログラム研究会報告書．法務省矯正局・保護局．

嶋田洋徳（2017）性犯罪の治療理論②認知行動療法．門本泉・嶋田洋徳編著（2017）性犯罪者への治療的・教育的アプローチ．金剛出版．

Yalom, I. D.（1995）The Theory and Practice of Group Psychotherapy（4th ed.）Basic Books.

11　学校で児童生徒を対象とした集団認知行動療法　　石川信一

児童生徒に特徴的な点

　小中学校や高等学校の児童生徒を対象に集団認知行動療法を実施する際には，対象となる子どもたちの発達段階について考慮する必要があります。一般的には，同じ年齢の子どもたちを集める方が集団の運営はしやすいでしょうが，単に年齢によって決められるわけではない点に注意が必要です。また，年齢が近くても学校が違う場合（つまり小学校と中学校など）は，想定している以上に子どもたちの中には大きな差が生じている可能性があります。さらに，同性のみで行うのか，男女混合で行うのかといった点についても，発達段階に応じて事前に検討しなければなりません。この点についても，生物学的な側面だけで判断することがないように慎重に配慮しておくことが望まれます。

　次に，教材の準備は事前に入念にしておきます。集団認知行動療法で扱う構成要素には成人のものと大きな違いはありません。むしろ，成人と子どもで異なる点は，その内容を「どのように教えるか」という伝え方の問題です。認知行動療法は子どもには難しいという誤解をしている方がいますが，それは成人用の教材をそのまま使おうと考えているからだと思います。学校や塾，あるいは通信教育等の教材などを見ていただければ，発達段階に合わせた具体的な工夫がたくさん見つけられます。ターゲットとなる子どもたちに，認知行動療法で学んでもらいたいスキルが伝わるように前もってしっかりと準備しておきましょう。

　学校や教育現場での集団認知行動療法は，ある問題を抱えている，もしくはそのリスクが高いと思われる児童生徒を抽出して行う場合と，学級全体や学校全体を対象として実施する場合の大きく二つに分類することができます（Mrazek & Haggerty, 1994）。前者をターゲットタイプ，後者をユニバーサルタイプとして，それぞれの特徴と留意点について考えてみましょう。

ターゲットタイプの集団認知行動療法の活用

　ターゲットタイプの集団認知行動療法では，特定の心理的問題のリスクの高い児童生徒や，実際に症状を示している子どもたちを集めて行う形式がとられます。授業を通じて集団形式になじみがあるかもしれませんが，逆に集団について特に負担に感じる子どもも存在します。たとえば，社交不安を感じる子どもは集団に入ること自体が大きなチャレンジなります。そこで，不安や抑うつを対象としたターゲットタイプのプログラムを実施する際には，教材のみならず，集団での活動自体が魅力的で楽しめるものになるように工夫す

ることが重要です。潜在的に困り感を抱えている場合であっても，それを子どもが表明したり，そのための活動に取り組んだりするまでには時間がかかることもあるでしょう。そのため，集団認知行動療法を運営するリーダー，サブリーダー，そして，集団認知行動療法の場自体が，子どもたちに対して正の強化子を提供できるようになることを目指すことが大切です。

　一方で，攻撃や反社会的行動を示す子どもたちの場合は，集団内のルールを逸脱してしまったり，順番を守れなかったりして，集団認知行動療法の運営自体が困難になることがあります。視覚的掲示などを用いてルールを徹底したり，適切な行動と不適切な行動についての随伴性を明確にしたりなど，対応していくことが求められます。休憩時間を多くはさんだり，体を動かす活動を交えたりするといった時間割や活動内容の工夫も求められます。ターゲットタイプの集団認知行動療法を導入する場合，リーダーは内容を進行させることに多くの労力を割かなければなりません。そのため，リーダーが進行に集中できるように，サブリーダーがサポートできるとよいでしょう。特に集団内で配慮が必要な子どもがいる場合は，個別に対応できるようにしておく体制が求められます。加えて，本人が参加に同意したとしても，なぜその子がプログラムに参加するのか，と周囲が疑問に感じたり，保護者に丁寧な説明が求められたりすることもあります。通級指導教室等の導入によって，取り出し型の教育方法も浸透しつつありますが，ターゲットタイプのプログラムの導入には十分な配慮が必要になります。そのため，プログラムを実施するスタッフはもちろん，その周囲にも協力を求められるようにしておくことが望まれます。

ユニバーサルタイプの集団認知行動療法の活用

　ユニバーサルタイプの集団認知行動療法は，学級という場で実施することが多いので，必然的に学校の先生方に協力していただく必要が出てきます。たとえば担任の先生を実施者とする場合，指導案という形式に沿って授業内容を準備しておく必要があります。当然のことながら，小中高の先生は精神科医や心理師とは異なる専門性を有しています。認知行動療法の技法について，学校の現場で受け入れられる用語，手法，手続きとして丁寧に"翻訳"していく作業が求められます。ただし，学校の先生は教えることのプロでもありますので，いったん認知行動療法のエッセンスを理解することができたなら，さらに建設的な方法で子どもたちに授業を展開していく方法を提案してくれることもあります。そのため，可能であれば授業前後での詳細な打ち合わせができるようにするとよいでしょう。事前の打ち合わせを行うことで，各学級の学級経営に合わせた調整が可能となりますし，事後の打ち合わせを行うことによって，勘違いがあれば確認したり，次の授業に向けた改善点を共有したりすることができます。ただし，時間がないので打ち合わせができないということもあります。ユニバーサルタイプの集団認知行動療法を導入する際に，最も障壁となる

のがこの「現場の多忙さ」です。「実施したいけれども時間がない」「授業を準備する時間がとれない」といった声が多く寄せられます。そのため，導入に当たっては，先ほど述べたたたき台となる指導案の作成や資料の印刷など，実施を支援するためのバックアップが必要不可欠といえます。ボランティアなどの活用も視野に入れ，なるべく多くの人が手伝えるようにしておきましょう。そのためには，管理職等の理解や支援も得られるように丁寧な説明や，校内研修の機会を活用することも大切です。

今後の課題

　子どもの心理的問題の予防を目指した取り組みは，まだまだ十分な研究が蓄積されているとは言えません。現時点での研究成果を展望すると，一貫して大きな効果が認められるとは言い難い状況です（Caldwell et al., 2019 ; Werner-Seidler et al., 2018）。ただその結果をもって，単純に意味がないと言い切ってしまうこともできません。なぜなら，クラスの中の一人でも問題を未然に防ぐことができたなら，取り組みが無駄であるとは言い難いからです。そのため，児童生徒を対象とした予防的なアプローチは，費用対効果や長期的視点に立って総合的に判断することが求められます。このような疑問に十分に応えるまでには至っておりませんが，日本でも不安（Ohira et al., 2019 ; Urano et al., 2018），抑うつ（佐藤ら，2009 ; Sato et al., 2013），あるいはさまざまな問題（Ishikawa et al., 2019）を対象として学校での集団認知行動療法に関する研究が進められています。「心の健康に関する知識の普及を計るための教育及び情報の提供」は公認心理師の重要な役割と定められていますし，学指導要領の改訂によって，高校の保健体育の授業で「精神疾患の予防と回復」を学ぶことになりました（文部科学省，2018）。このような時代の要請に応えるうえでも，学校における集団認知行動療法のさらなる普及が求められています。

·· 引用文献 ··

Caldwell, D. M., Davies, S. R., Hetrick, S. E., Palmer, J. C., Caro, P., López-López, J. A., & Welton, N. J. (2019) School-based interventions to prevent anxiety and depression in children and young people: A systematic review and network meta-analysis. The Lancet Psychiatry, 6, 1011-1020.

Ishikawa, S., Kishida, K., Oka, T., Saito, A., Shimotsu, S., Watanabe, N., Sasamori, H., & Kamio, Y. (2019) Developing the Universal Unified Prevention Program for Diverse Disorders for School-aged Children. Child and Adolescent Psychiatry and Mental Health. 13, 44.

文部科学省（2018）高等学校学習指導要領解説保健体育編．東山書房．

Mrazek, P. J., & Haggerty, R. J.（Eds.）（1994）Reducing Risks for Mental Disorders: Frontiers for preventive intervention research. National Academy Press.

Ohira, I., Urao, Y., Sato, Y., Ohtani, T., & Shimizu, E. (2019) A pilot and feasibility study of a cognitive behavioural therapy-based anxiety prevention programme for junior high school students in Japan: a quasi-experimental study. Child and Adolescent Psychiatry and Mental health, 13, 40.

佐藤寛・今城知子・戸ヶ崎泰子・石川信一・佐藤正二・佐藤容子（2009）児童の抑うつ症状に対する学級規模の認知行動療法プログラムの有効性．教育心理学研究, 57, 111-123.

Sato, S., Ishikawa, S., Togasaki, Y., Ogata, A., & Sato, Y. (2013) Long-term effects of a universal prevention program for depression in children: A 3-year follow-up study. Child and Adolescent Mental Health, 18, 103-108.

Urao, Y., Yoshida, M., Koshiba, T., Sato, Y., Ishikawa, S., & Shimizu, E.（2018）Effectiveness of a cognitive behavioural therapy-based anxiety prevention programme at an elementary school in Japan: a quasi-experimental study. Child and Adolescent Psychiatry and Mental health, 12, 33.

Werner-Seidler, A., Perry, Y., Calear, A. L., Newby, J. M., & Christensen, H. (2018) School-based depression and anxiety prevention programs for young people: A systematic review and meta-analysis. Clinical Psychology Review, 51, 30-47.

12　産業場面・リワーク

田島美幸

<h2 align="center">この疾患・問題に特徴的な認知や
行動とグループ内でよく見られる問題</h2>

　職場のストレスによる精神的な不調者は多く，精神疾患による労災請求件数は過去最大となっています（厚生労働省，2019）。「労働者の心の健康の保持増進のための指針（厚生労働省）」では，労働者に対するメンタルヘルスケアの教育研修の充実の必要性を述べています。しかし，「どのような研修内容にすれば，効果的なメンタルヘルス対策が推進できるか」と悩む人事労務管理者も多いのが実情です。

　最近では，ストレス要因の把握やストレス対処スキルの習得，働きやすい職場づくりのためのコミュニケーションスキルの向上等を目的として，事業場内の教育研修に認知行動療法を活用する企業が増えつつあります。認知行動療法のスキルを紹介し，グループワークで参加者間の交流を促進しながら，幅広い考え方や対処法に触れる機会を提供します。集団認知行動療法の定義にもよりますが，単発の研修であっても，広い意味では集団を活用した認知行動療法と言えるかもしれません。また，精神科医療機関で実施するリワークでは，うつ病等の休職者を対象に，プログラムの一部として集団認知行動療法が行われています。休職中にストレス対処のレパートリーを増やすことで，復職後の再休職の予防を図ることを目的として実施されています。

　産業場面・リワークで実施されるプログラムの骨子は，①ストレスフルな出来事を事例にしながら，認知行動モデルに基づいてこころの仕組みを解説する，②行動活性化，認知再構成法，問題解決技法，アサーション，エクスポージャーなどのスキルを紹介する，③講義のみならずグループワークを活用する，で成り立ちます。事業場内の集団研修では職場でのストレスフルな出来事を，リワーク場面では休職中のストレスフルな出来事を取り上げるなど，参加者層に合わせて事例を変えます。プログラムの構造は，導入の目的や事業場内で実施可能な研修時間等の物理的な制約に合わせて，柔軟に変化させます。健常な勤労者に対して事業場内で実施する際には単発の研修となることが多く，時間は60〜180分程度，講義は全体研修，演習は小グループに分かれてグループワークを行います。そして，各グループで話し合われたことを発表してもらうことで，全体で内容を共有します。リワークで行う場合は，主な参加者は気分障害患者，不安障害患者であることから，うつや不安の集団認知行動療法に倣うプログラム構成でよいでしょう。

特徴に応じた集団認知行動療法の工夫

産業場面，リワーク場面で行う工夫について，それぞれ紹介します。

■産業場面での工夫

●知識やスキルの定着

①事業場内の集団教育研修では物理的な制約から単発の研修になることが多いため，学んだ知識やスキルの定着が十分でないという問題が生じます。日常生活に汎化して有効に活用してもらうためには，ストレスを感じた時に学んだスキルを活用してみるなどのホームワークを設定し，可能であれば活用状況をフォローするとよいでしょう。集団研修後のフォローとして，メールや Internet CBT を活用することで，持続可能なセルフケアに繋げることもできます（Kojima, 2010；Mori, 2014；Kimura, 2015）。

②新入社員向け，管理職向けなど職階別に集団教育研修を行う場合には，職場でのスキル活用の阻害要因として，階層間での共通理解が十分でないことが挙げられます。たとえば，研修を受けた新入社員が上司にアサーティブに自分の状況を伝えようとしても，上司がアサーションの概念を理解していないと，コミュニケーションがチグハグになるなどです。産業保健スタッフと人事労務担当者は，社員全員にどのような知識やスキルを共通に学んでもらいたいかを話し合い，企画の擦り合わせを行うことが大切です。

●参加に対する動機付け

①ある職階層に対して一律に集団教育研修を実施する場合には，参加者の研修に対する動機付けが乏しい場合もあります。研修時間が仮眠や内職の時間にあてられてしまうことのないように工夫しましょう。講義は短くポイントを絞って行い，演習やグループワークを多用するなど，楽しみながら能動的に参加できる構成にするとよいでしょう。

②対象が健常者の場合には，理解も良好で会話やディスカッションのテンポも速いものです。時にユーモアを交えながら，間延びしないように進行するよう心がけます。また，取り上げるテーマは，抑うつや不安よりも職場で生じるイライラや怒りの感情の方が，より参加者の共感を得たりします。特に外部の講師を招いて研修を実施する場合には，どのような事例だと参加者にフィットするかを下調べして，講師に事前に伝えておくとよいでしょう。

③対象が健常者の場合には，考え過ぎてつらくなってしまうというよりも，職場で起こる具体的な現実問題について悩んでいることが多かったりします。認知再構成法など

の演習を実施しても，自動思考が妥当なものであったり，最初から適応的な思考が挙がることも多く，ワークシートに当てはめようとすることで，かえって混乱させてしまうこともあります。ストレスを感じた瞬間に心に浮かんだ悲観的な自動思考をどのように適応的な思考に切り替えたのか，その過程を改めて振り返ってみようと伝えたり，認知的技法だけでなく，行動的技法（問題解決技法やアサーション等）もバランスよく伝えることで，ストレス対処のレパートリーを拡げられるようにするとよいでしょう。

● メンタルヘルス関連相談窓口の紹介

①事業場内外のメンタルヘルスに関する相談窓口は，周知が徹底しにくいこともあります。また，相談窓口を利用しようかなと思っても，どのような人が相談対応してくれるのかがわからず，利用に結びつかない場合もあります。集団教育研修は，事業場内外の相談窓口の情報を提供できる貴重な機会でもあります。特に産業保健スタッフが研修を担当する場合には，産業保健スタッフの人柄が伝わりますし，顔の見える関係が築けると安心感が生まれて，いざという時には来室してみようという動機付けに繋がります。

■リワークでの工夫

● 休職の背景要因

①休職に至る原因や誘因は一人ひとり異なります。たとえば，セクシャルハラスメントやパワーハラスメントに起因した休職者がグループに存在する場合には，それに関する話題に触れるだけで，本人の気持ちが大きく揺れてしまうこともあります。また，休職期間に余裕がある人もいれば，休職期間の満了が目前に迫っている人もいます。休復職に関する規定や制度は労働基準法等で義務付けされたものでなく，あくまで会社が任意に定めるものであるため，中小零細企業の勤務者の場合には，休復職に関する制度そのものがないこともあります。そのため，リワークで休職者を対象に集団認知行動療法を行う場合には，一人ひとりの背景要因をスタッフが理解し，配慮する必要があります。

②場に対する安心感が生まれてくると，参加者は次第に自己開示を行い始めます。休職前のつらかった出来事や状況を話すことが治療的に機能する場合には，グループの効果は最大限に機能します。しかし，ハラスメントに起因するような体験の場合には，話しはしたものの開示したことで後悔したり，他の参加者からの意見や適応的な考えが侵襲的に感じられてしまったりすることもあります。休職原因や誘因を揃えて参加者の選定ができればよいですが，現実的にはなかなか難しいものです。集団認知行動

療法では心理教育に重きを置き，さまざまなスキルの習得に焦点を当てていきます。休職前の出来事の振り返りを個人面接や診察などで個別に対応することは，これらのリスクを回避するために有効な手段であると言えます。

③集団療法としての効果を期待するのであれば，取り上げる出来事や状況を限定するのもよいでしょう。休職前の出来事ではなく，休職中の出来事を取り上げるようにします。たとえば，リワークの中での出来事や人事部から定期面談の連絡が来たなど，休職中にも気分が揺れる出来事は数多くあります。そのような出来事に遭遇した時に生じる捉え方や対処法には，不調の原因となった認知・行動のパターンが現れることもあります。目の前で起きている，扱いやすい出来事を取り上げることで自分の認知や行動の特徴を知り，復職後の再発予防に役立てていきます。

● クローズドグループになりにくい

①デイケアやショートケアで行うリワークでは，新しい方が次々にエントリーしていきます。クローズドグループの場合，数カ月間待たないと参加できないこともありますが，「このタイミングで復職したい」，「休職期間の満了が近い」等，参加者はさまざまな事情を抱えています。定期的にオリエンテーションを行って認知行動療法の基本やこころの仕組み図を紹介し，各技法については講義と演習を交えて2～3回で行うといった，モジュール形式の集団認知行動療法を行うこともできます。オリエンテーションに参加して基本を学べば，各モジュールの切り替えのタイミングから集団認知行動療法に参加することができ，参加者のニーズにも合った形で実施できるでしょう。

● 併存疾患への対応

①リワークの参加者の中には，ASD，ADHDなどの発達障害の二次症状としてうつや不安の症状を呈している方もいます。そのような場合には，うつや不安の集団認知行動療法に参加するだけでは，根本的な解決に繋がらないこともあります。リワークや集団療法の参加時のご本人の様子をよく観察し，本人や主治医にフィードバックしたり，心理検査を行うことで本人の得手不得手を客観的に評価します。そして，疾患の特徴を学び，特徴に応じた対処法を身につけることを本人に勧めます。このような丁寧な対応が再休職の予防に繋がります。

よくありがちな困難点と解決法の例

事例：上司に対する他責が強いAさん（40代男性）

Aさんは異動に伴い，新しい上司の元でプロジェクトを担当することになりました。しかし，上司との折り合いが悪くなり，仕事の進め方がわからなくても，相談できずに一人

で抱え込むようになり，次第に抑うつ症状を呈して休職するに至りました。

　リワークでは，「上司のせいでこうなってしまった。自分は被害者だ。自分の人生は台無しだ。上司を訴えてやりたい」とことあるごとに上司への不満を口にします。集団認知行動療法の参加時も同様です。「扱いやすい問題を取り上げて，まずはスキルを学びましょう」とスタッフが勧めても，Aさんの被害感情は強く，気がつくと上司の批判に話題が移ってしまいます。スタッフは介入しますが，「聞いてほしい，話したい」というAさんの気持ちは強く，Aさんの様子に圧倒されてしまう参加者も出るようになりました。スタッフが強く介入をするとAさんは話を止めますが，やはり不全感が残るようで，次第に参加へのモチベーションも低くなり，欠席が目立つようになってきました。

　スタッフは，Aさんと集団認知行動療法の参加を継続するかについて話し合うことにしました。Aさんは，「どうしても上司のことを思い出してしまう。他の参加者に迷惑をかけたくないので，参加を一旦，中断したい」と述べました。スタッフはAさんのつらさに共感し，個別面接で上司との関係を扱うことを提案しました。個別面接では，上司の言動がどのようであったか，それによって自分がどれだけつらい思いをしたのかを涙ながらに繰り返し述べました。しばらくすると，「上司の言動がひどかったのは事実だが，新しいプロジェクトを進めるために上司も余裕がなかったのかもしれない」と口にするようになりました。上司に対する怒りはあるものの，その怒りに対して少し距離を取れるようになってきたのです。

　スタッフは再び集団認知行動療法に参加してみることを提案しました。あるセッションで，参加者B子さんが上司とのコミュニケーションが原因で不調をきたしたことを述べました。Aさんはその話をきちんと聞いたうえで，「自分も同じような経験をしたことがあるので，Bさんのつらさがよくわかる。本当に大変でしたね」と共感を示しました。そして，自分がどのように上司に対する怒りに折り合いを付けたのかを語りました。B子さんもAさんの体験談を聞けたことに感謝を示しました。

　休職は本人にとって大きな挫折体験であり，そのきっかけとなった人物，適切に対応してくれなかった人事労務管理者や産業保健スタッフに怒りが向くこともあります。また，異動による業務内容の変更，少ない人員配置による過重労働，ハラスメントに類似した言動をしがちな上司がいるなど，本人以外の要因が重なり，そのしわ寄せとして本人が不調をきたしてしまう事例もあります。「この人は他責的傾向が強い」と決めつけてしまうことなく，休職前の状況を本人の同意を得て産業保健スタッフや人事労務担当者に聞き，客観的な情報を集めて参加者のケースフォーミュレーション（概念化）ができるとよいでしょう。また，集団的なアプローチを導入するタイミングを図ったり，集団と個人面接などの個別の対応とを上手に組み合わせるなど，概念化に合わせたアプローチを工夫しましょう。

······································· 引用文献 ·······································

Kimura, R., Mori, M., Tajima, M., et al.（2015）Effect of a brief training program based on cognitive behavioral therapy in improving work performance: A randomized controlled trial. Journal of Occupational Health, 57, 169-178.

厚生労働省（2019）平成 30 年度精神障害に関する事案の労災補償状況．https://www.mhlw.go.jp/content/11402000/000521999.pdf

厚生労働省（2019）　職場における心の健康づくり relax—労働者の心の健康保持増進のための指針．独立行政法人労働者健康安全機構．

Kojima, R., Fujisawa, D., Tajima, M., et al.（2010）Efficacy of cognitive behavioral therapy training using brief e-mail sessions in the workplace: A controlled clinical trial. Industrial Health, 48. 495-502.

Mori, M., Tajima, M., Kimura, R., Sasaki, N., et al.（2014）A web-based training program using cognitive behavioral therapy to alleviate psychological distress among employees: Randomized controlled pilot trial. JMIR Research Protocol, 3(4), e70.

7 集団認知行動療法において よくある困りごとと解決例

case 1 グループ内で希死念慮をほのめかされる　　　　　大谷　真

　セッション中やセッションの前後に，リーダー，コリーダーや他の参加者に対して，希死念慮をほのめかす参加者がいます。どのように対応するのが良いでしょうか？

A1 グループ開始前に，ルール説明と同意を取っておきましょう

　グループを開始する前に，「必要時には，他の医療機関を含め治療スタッフ間で情報共有をさせてもらう」ことを説明したうえで，同意を取っておきましょう。また，希死念慮が強くなった時のルール（「希死念慮が切迫していると判断した際は，主治医や家族と連絡を取る」，「強い希死念慮を認める場合は，集団認知行動療法への参加を一旦中止して，適切な治療に専念してもらう」など）も説明し，同意を取っておきましょう。

　どのような対象に行う集団認知行動療法であったとしても，グループ開始前の事前説明やルール決めは大切です。予想されるトラブルに先回りしたルールを適切に設定できれば，トラブルの大半を回避できますし，仮にトラブルが起きたとしても大きな問題となる前に解決することができます。

A2 セッション後に個別に対応し，希死念慮がどの程度切迫しているかをアセスメントしましょう

　セッション前で十分に時間が取れない時やセッション中であれば，セッション後に改めて個別に対応しましょう。そのうえで，希死念慮がどの程度切迫しているかをアセスメントしましょう（セッション後まで待てないほど切迫している場合は，その場で A3 の対応を行いましょう）。

　これまでの経過（病歴）で，何回くらい自傷行為や自殺企図を行っているかを確認することで，どの程度，希死念慮が切迫しているかの参考になります。また，両手首のリストカット痕がないか，あるようであれば，それがどれくらい新しい傷であるかを確認すると一つの目安になります（グループ開始前のインテーク面接の際，詳細に病歴聴取ができていれば，希死念慮がどれくらい切迫しているかのアセスメントが容易になります）。参加者本人に，どの程度切迫しているのかを確認することも有効です。「家に帰宅するまで（自傷行為，自殺企図が）我慢できない」，「次回の外来まで我慢できない」などという場合は，かなり切迫していると判断できます。

A3　希死念慮が切迫している時は，主治医や家族と連絡を取り，適切な治療につなげましょう

　希死念慮が切迫していて，かかりつけの医療機関がある場合は，主治医に連絡を取り，その後の対応方法について確認を行うのがいいでしょう。希死念慮が切迫していても，かかりつけの医療機関がない場合は，家族（キーパーソン）と連絡を取って，患者の状態を伝え，適切な医療機関の受診をお勧めしましょう。

　希死念慮が切迫している時は，精神疾患が重症である状態と考えられ，一般的に精神科の閉鎖病棟での入院加療が必要となります。A1 の同意が取れていない場合には，参加者本人から，家族およびかかりつけの医療機関の主治医と連絡を取る旨の同意を取ることが望ましいです（実際には，自傷他害の恐れが切迫している場合，守秘義務は免除されますので，同意がなくても連絡を取ることが可能です）。

A4　本当は希死念慮がそれほど切迫してないのに，周囲の注目を集めるためなどの理由でほのめかす場合は，対応の工夫が必要です

　セッション中に，希死念慮をほのめかされた場合は，セッションが本筋からずれてしまうなど，他の参加者の妨げになりなりかねません。たとえば，「グループ内で共通性の高いテーマを扱う」などを理由に，その場の話題を切り替えるなどの方法で，セッションを本筋に戻すという手もあります。ただし，セッション内で，そのテーマを扱わないまでも，セッション内で発言してくれたことにお礼を言うなど，その参加者をそのグループの中で孤立させないような工夫が必要です。

case *2*　実は双極性障害だった　　　　　　　　　　　　　大谷　真

　現在，うつ病のグループをしていますが，うつ病の診断で抗うつ薬で治療を行っている参加者が，明らかに軽躁状態（もしくは躁状態）に転じて，イライラして易怒性が亢進しているようです。また，病歴を詳しく聴取してみると，抗うつ薬を内服していない時にも，軽躁状態（もしくは躁状態）だった時期があるようです。主治医は，そのような状態を把握できていないようですが，どのように対応すれば良いでしょうか？

A1　参加者自身に同意を取ったうえで，主治医と情報共有し，適切な治療につなげましょう

　長年，うつ病として治療されていた患者が，実は双極性障害だったというケースは，よく見られます。軽躁状態，躁状態の治療は，抗うつ薬の減量または中止，もしくは，気分安定薬または非定型抗精神病薬などの薬物療法であり，処方薬の調整が必要です。また，双極性障害の抑うつエピソードとうつ病でも，薬物療法で使用される薬が異なり，処方薬の調整が必要となります。双極性障害が強く疑われる時には，参加者自身に同意を取ったうえで，主治医と情報共有し，適切な治療につなげていきましょう。

A2　双極性障害の心理教育をプログラム内に組み込みましょう

　特に，うつ病のグループなどでは，双極性障害の心理教育をプログラム内に組み込むことが，有益な場合が多いです。プログラム内で心理教育が行うと，参加者自身で，自分の診断が双極性障害であることに気づき，主治医に自ら申し出ることができる参加者もいます。もし，双極性障害の心理教育が終わった後で，参加者自身が自分自身の双極性障害の可能性に気づいているようであれば，リーダーやコリーダーから，その参加者自身に，自ら主治医と相談するように勧めてみるのも良いでしょう。

　ただし，参加者本人から主治医と相談してもらった場合は，その後，診断や治療薬が変わったかどうかを確認する必要があるでしょう。主治医と相談をしても，診断や治療薬が変わっていない場合は，リーダーやコリーダーが主治医と情報を共有する必要があります。

A3　グループの力を活用しましょう

　同じグループ内に，同じように，以前はうつ病として治療を受けていたが，実は，双極性障害であった参加者がいるようであれば，その参加者に体験談を話してもらうのも良い

でしょう。その参加者が，双極性障害の治療に切り替えてから，治療が上手くいっているようであれば，なお良いです。リーダーやコリーダーの話がまったく入らなくても，他の参加者の話ならば，すんなり受け入れられるということはよくあることです。A2 の双極性障害の心理教育をプログラム内に組み込んでいる場合は，その際に，この参加者に体験談を話してもらうようにすると，ターゲットとしている参加者の理解も促すことができます。

A4　軽躁状態（または躁状態）に伴う多弁や攻撃的な発言に対しては，対応の工夫が必要です

　軽躁状態（または躁状態）の参加者がグループにいる場合，多弁となってグループ内で発言が止まらなくなったり，易怒性が亢進して，他の参加者やセラピスト（リーダー，コリーダー）に攻撃的になったりすることがあります。

　多弁となってしまう際は，リーダーおよびコリーダーは，参加者間の発言量が偏らないように，また，参加者間のトラブルに発展しないように，注意深くグループ運営をすることが望まれます。発言の順番をできるだけ後ろにまわして結論がある程度出ている時点で当てるようするなど，話が長くならないような工夫をしましょう。あらかじめ，発言量に関するルールを作っておくことも有効です。

　攻撃的な発言を止める際には，リーダー，コリーダーの自己開示を利用するテクニックやＩ（アイ）メッセージで話をするというルールなど（Case8 A2, A3 参照）が役に立つでしょう。すべての参加者が「攻撃された」と感じずに済む対応が必要となります。

case *3*　参加者がプログラムに遅刻してきます　　　　　中島美鈴

　毎回のようにプログラムに遅刻する参加者がいます。仕事や診察などには遅刻したことがない人なのだそうです。遅刻の理由を聞いてみると，「つい油断してしまうんです」とのことでした。リーダーとしてどのように対応したら良いでしょうか？

A1　遅刻が起こるプロセスについて分析する

　まず，その参加者が毎回のように遅刻するプロセスについて分析してみましょう。今わかっていることは，その参加者が仕事や診察には遅刻しないのに，プログラムにだけ遅刻するということです。このことから「遅刻しないための時間の逆算や，間に合うように行動する能力が不足しているわけではないのだ」ということがわかります。つまり能力の問題ではないということです。

　次に，能力はあるのに，なぜこのプログラムの時だけ遅れてくるのか？　について分析します。この参加者は，遅刻することで，その後どのような結果になっているのでしょうか。遅刻すると，参加する時間が短くなっている，「どうしたの？　大丈夫？」などとスタッフや周りの参加者から気遣って声をかけてもらえる，プログラムの冒頭に行われるウォーミングアップやホームワークの確認を避けられる，リーダーに決められたタイミングで参加するのではなく自分の好きなタイミングで参加することで，自分より年齢の若いリーダーから支配されている状況を払拭できるなどなど……いろいろ想定できるかもしれません。つまり，遅刻にまつわる機能分析をするのです。遅刻が続くということは，遅刻することでその方が何かしらの得をしているということなのです。まだ言葉にされていない（多分直接言いにくいことなのでしょう）その参加者の真意を推測して，理解に役立てましょう。

A2　参加者に率直に尋ねてみる

　A1 で分析した参加者がまだ言葉にしていない真意について，率直に尋ねてみましょう。グループの後に個別で声をかけるのが安全でしょう。遅刻は重要な治療同盟にかかわる問題です。他の参加者やグループ全体にも大きな影響を与えます。

　「もしかして，何かグループで嫌な思いをされていませんか？」等の声かけはいかがでしょう。「遅刻が続いていることについて，私たちにもできることがあればと思うんです」など言いながら，遅刻を責める感じにならないよう話題にします。同時に，なんらかの思いを抱きながらも，欠席ではなく遅刻してでも参加していることについても労いましょう。

A3　グループの力を活用しましょう

　参加者が遅刻する理由を教えてくれた時に，リーダーには「他の参加者も同じ思いを持っているかもしれない」と考えてみることをお勧めします。その参加者がグループでこの話題を共有することを許してくれれば，次回のアジェンダにするのも良いでしょう。「ホームワークを負担に感じている方はいらっしゃいませんか？」とか，「このグループに参加するのは実は本意でないなあという思いがある方もいらっしゃるのではないでしょうか？」など，グループに対するネガティブな話題こそ，積極的に言語化して扱っていきます。他の参加者から共感されること，それを「自分たちのグループ」として主体的に解決していくことは，グループワークの醍醐味です。

case 4　参加者がホームワークをしてきません　　中島美鈴

　毎回のようにホームワークをしてこない参加者がいます。仕事や家事が忙しくてできなかったと言います。どのようにリーダーとして対応したら良いでしょうか？

A1　ホームワークをしてこない単純な理由を探り，具体的な対策を提案しましょう

　ホームワークが実行されなかった時には，背景の心理を探るよりも，まずは単純な理由が原因ではないかと考えてみます。たとえば，「忘れていた」，「難しすぎた」，「やり方がよくわからなかった」，「興味が持てなかった」などの可能性です。これらは，リーダーと参加者が共同してホームワークを設定し直せば解決が早い問題でしょう。つまり，それぞれ，リマインダーの設定，難易度の調整，手順のリハーサル，興味の持てる課題設定などが対処策となります。

A2　ホームワークをしてこない心理的な背景を探ります

　A1 の対処を講じてもまだ不履行が続く場合には，心理的な背景を探ります。ホームワーク不履行の背景として，ソラント（Solanto, 2015）は以下の３点を挙げています。

（1）抵抗や否認：「こんなホームワーク役立つの？」という思いがある
　その参加者がホームワークの妥当性や有効性について疑問を持っているという可能性を考えます。セッション中にその参加者は積極的でしょうか。いくつかの場面で抵抗や否認のサインが見られる場合には，この可能性が高いでしょう。
　この場合，リーダーはこの参加者がグループに参加した目標達成に対して，ホームワークがどのように役立つかを説明するとよいでしょう。また，ホームワークをしないままでいる現状とホームワークをした場合の結果を分析して，するかしないかを決めてもらうのも手です。

（2）不安：「こんなのできないよ」という思いがある
　ホームワークの質や量に圧倒されているか，できないのが怖いという可能性を考えます。失敗するのではないか，他の参加者のようにうまくできないのではないか，思ったほど完璧にできないのではないかなどよくある思考を持っていないか尋ねてみても良いでしょう。その参加者がうなずいた場合には，難易度を調整して「これならできる」と思える課

題に取り組むことや，行動を変える時には不安がつきものであることや，突き進んで完了すると不安は小さくなるという説明をしてもよいでしょう。

（3）抑うつ：「どうせ治らない」という思いがある

これまでに失敗経験が多かったり，努力したのに報われない経験が多かったりする参加者によく見られます。学習性無力感と言われるものです。これを抱いていると，せっかくホームワークができている場合でも，できていないことに焦点づけて「無駄だった」と結論づけてしまい，やる気がそがれていくという悪循環を辿っているかもしれません。こうした悪循環を共に同定していく作業が役立つでしょう。

A3　グループの力を活用しましょう

他の参加者もホームワークに苦戦しているかもしれません。こうしたネガティブな思いを率直に話し合うことで，グループの一体感が生まれます。ホームワーク履行の工夫について話し合うのも有効でしょう。履行されたホームワークをグループで共有し，励まし合うことでホームワーク遂行の動機付けにもなります。

case 5　グループ中に特定の参加者が多く話しすぎる　　　松永美希

　特定の参加者が多く話しすぎています。他の参加者が発言できる時間が減ってしまうのでやめてもらいたいのですが，どうしたら良いでしょうか？　そのようなことが続いてしまうと，特定の参加者のみが話し合いに参加することを許してしまい，他の参加者の「発言したい」という意欲を低下させてしまう可能性もあると思います。

A1　治療者から声掛けをしましょう

　特定の参加者が多く話しすぎる場合には，「すみません。お時間の関係もありますので，少し簡潔にお話しいただいてもよろしいでしょうか」，「他の方のお話も聞いてみたいと思いますので，そのあたりでよろしいですか」と，リーダーは話をやめさせるように声掛けを行うと良いでしょう。

　またグループの開始時に，グループのルールとして，「一人が長く話さないこと」，「長くなった場合には，治療スタッフが途中で声掛けをしたり，簡潔に話すように促すこと」について決めておき，参加者にもルールを遵守してもらうようにお願いすることも解決策の一つです。

A2　「話しすぎる」という行動の意味を分析して，対応しましょう

　それでも，特定の参加者が多く話しすぎる場合には，どのような感情や認知がそのような行動を続けさせているのかについて考えることも必要でしょう。たとえば，①自分の悩みや困っていることを話し続ける人であれば，「自分のつらさをわかってほしい」，「他のメンバーにも同情してほしい」という認知が働いているかもしれません。また②他のメンバーの発言を奪ってまで自分のことを語る人であれば，「他のメンバーよりも積極的であることをアピールしたい，認められたい」，「他のメンバーからも一目置かれたい」という認知が働いているかもしれません。

　そして，多く発言できた参加者は「自分の話をたくさん聞いてもらえて良かった」という満足感や安心感は得られるかもしれませんが，時間が経つと他の参加者の不満感を増やしてしまい，どこかでその不満を疎外感として感じるようになるでしょう。

　もし，①「自分のつらさをわかってほしい」ということならば，個別での面接などでフォローすることが良いでしょう。また②「みんなに認められたい，積極性をアピールしたい」ということならば，こちらから発言する機会を作るなど，その参加者が一定の構造の中で発言できるように工夫していきましょう。

case **6** グループ外の人間関係が持ち込まれる 松永美希

　上司と部下，夫と妻，友人同士といった，他の環境ですでに親密な関係があるもの同士が一つの集団に参加してしまうことがあります。環境によっては，グループ外で交流のある人同士が集団認知行動療法に参加するという場合もあるでしょう。たとえば，デイケアやリワーク，職場などですでに顔見知り同士が集団認知行動療法に参加する場合です。そのような場合，グループ外の人間関係が持ち込まれないようにするにはどうしたら良いでしょうか？

A1　親密だったり，良好だったりする関係の場合

　グループの分割やサブグループが生じたり特定の参加者たちだけで盛り上がる，仲の良い参加者の意見のみを受け入れようとするといった恐れがあります。リーダーは，なるべく特定の人たちでやりとりが終わらないように発言の順番などを工夫すると良いでしょう。
　また男女で親密な関係になる場合は，グループ外で恋人関係になったり，性的逸脱が生じることもあるので注意が必要です。個人の連絡先を交換しない，グループや施設以外では会わないなど，グループ運営上のルールを設けて遵守させることも重要です。

A2　あまり仲が良好でない者同士が集団認知行動療法に参加する場合

　意見の食い違いや対立が生じやすいので注意が必要です。
　筆者が体験した例を述べておきます。グループ外でもギクシャクした関係である2名（AとB）が集団認知行動療法に参加した時のことです。Aさんが職場でミスをした状況について語った際に，Bさんが「Aさんにも落ち度があった。上司の指摘は当然だ」という鋭い意見を述べて，集団の雰囲気が凍り付いたことがあります。Aさんはすぐに「そうですよね。自分が甘いんですよね」と意気消沈してしまいました。このままでは目的（多様な考え方や対処を案出）が達成されなくなることを恐れて，筆者は，Bさんに「たしかにBさんの見方も一つですね。でもここではAさんがどのように考えて，どのように行動できたら気持ちが楽になるのかということを話し合っているのですよね」という当初の目的を再度伝えました。またAさんには「Bさんの意見を受けて何も言えなくなってしまいましたね。職場でも同じようなパターンになっていませんか？」とAさんの問題に関連付けました。
　このように，グループ外で良好でない場合は，グループの中でも緊張関係が生じやすくなりますが，治療者はそのようなやりとりを対人関係の学習機会として活かすことも可能

です。ただし，否定的なやりとりが多く続きすぎることは凝集性という点ではあまり望ましいことではありませんので，事前にグループのルールなどを設定し，発言の仕方についてガイダンスしておくことも重要です。

case 7　他罰的・病識欠如もしくは自分の問題に直面化できない 下記の場合，どうしたら良いでしょうか？　松永美希

　例1） Ａさんは，職場で上司から仕事のミスを指摘されたり，仕事を代わりに処理された ことから，「自分は職場にいないほうがいいのではないか」，「自分は必要とされていないのではないか」と抑うつ的になり，休職に至りました。しかし，集団認知行動療法の中では，「上司がきちんとチェックしてくれないので，自分がミスをした」，「上司は部下の管理ができていないので，自分が仕事をきちんとできなかった」と職場での不適応は上司の責任であるかのように語り，自分のつまずきについてはあまり直面しませんでした。

　例2） Ｂさんは，何度か休職と復職を繰り返しており，現在の職場では自分の能力よりも低いものを求められることに不満を持っているようでした。しかし，集団認知行動療法では，優等生的な発言が多く，自分の問題について素直に話しているようには見えませんでした。ある日，自動思考を特定するワークの中で，Ｂさんは職場で雑用を頼まれた時に快く引き受けたものの，「なんで自分がこんな仕事をしないといけないのか」，「調子が悪くなったのも職場のせいだ」と考え，怒りやイライラが強くなった状況を取り上げました。最初は職場のせいだという他罰的な考えしか出てきませんでしたが，他のメンバーの発言なども聞いたのちに，「雑用を頼まれて，自分を大事に扱ってくれていないと思った」という気づきに至りました。

A1　「他罰的になる」心理的背景を推測する

　Ａさん，Ｂさんのように，他罰的になり，自分の問題に直面しづらい原因には，その人が抱えている対人的な不安や，否定的な信念（スキーマ）が関連していることがあります。

　Ａさん自身は，とても社交的な人ですが，どうも周囲からの評価を人一倍気にする傾向があるようでした。おそらく，集団認知行動療法の中でも，自分が他の参加者からどのように見られるかを気にしており，自分の能力の低さを他の参加者の前で話すことに抵抗があるのであろうと考えました。そこで，個人ワークの際に，仕事でのつまずきを聞き出し，それに対しての解決策について考えてもらうようにしました。そして，グループでの発表の際には，Ａさんの発言に対して，「皆さんも同じような経験はありませんか？」と，他の参加者からの共感や賛同が得られるように工夫しました。

　Ｂさんにとって他罰的になることは，自分を大事にしてくれていないという悲しい気持ちの表れでありその気持ちを認識することを避けるためでした。リーダーは「大事にしてくれなくて悲しい」気持ちに共感しつつ，「Ｂさんにとって重要な気づきであると思う」と気づきを強化しました。それ以降Ｂさんは，集団認知行動療法の中で，自分の問題，

つまり他者とのやりとりの中での不満やイライラを持ちやすいことについて少しずつ話してくれるようになりました。

A2　気持ちに寄り添い，他の参加者との共通点を見出す

　治療者側も，「他罰的で問題意識がない人」と決めつけるのではなく，そのような言動の背景にある意味や，言動を強めている認知を探ることが大切です。そして，時には，他者にぶつけるしかない怒りや不満に共感しつつ，他の参加者の発言との共通点を示すなどして，参加者が少しずつ自分の問題として捉えられるように促していきましょう。

case *8*　他の参加者にお説教を始める　　　　　中島美鈴

　グループの参加者であるAさんは，いつも他の参加者に対して，「そんな考え方だから
いつまでも復職できないんですよ」とか，「考えをぱっと切り替えなくちゃだめですよ！」
など，相手に求められたわけではないのに，一方的に持論を展開します。リーダーとして
どのように対応したら良いでしょうか？

A1　Aさんが他の参加者にお説教をする背景を概念化する

　リーダーをしていると，Aさんのような参加者には困ってしまいますね。Aさんの「考
えを切り替えなくては」という意見も認知行動療法を誤解しているようです。Aさんが
発言力のある参加者だとしたら，他の参加者にも間違ったことを伝えてしまいます。もし
くは，Aさんが他の参加者から疎ましがられているとしたら，グループは自由な発言の
できない，危険な場所となってしまうでしょう。いずれにしても，リーダーには，その場
が「自由に安全に発言できる場」であるように，努力するリーダーシップが求められます。
　介入を考える前にしておきたいことは，Aさんがそのような言動に至る背景について
理解しておくことです。Aさんは，どうして他の参加者にお説教をするのでしょう。い
くつかの可能性を挙げますので，分析の手がかりにしていただければと思います。

　①他の参加者に対して，自分の中にもある弱さやできなさを見つけて腹を立てている
　Aさん自身にも，何らかの事情があってそのグループに参加しているはずです。休職
や薬物使用などのためかもしれませんし，疾患や障害のためかもしれません。自分のそう
した事情に対して「だめな，弱い自分」，「できない自分」を感じて嫌悪感を抱いていると
したら，他の参加者にも自分と似たところを見つけて，嫌悪しているのかもしれません。
ちょうどわが子に自分と似た欠点を見つけて，腹が立つのと同じことです。

　②グループの場を支配したいと思っている
　「自分は弱い」，「自分はだめだ」といったスキーマを持っている参加者は，しばしばリー
ダーが司会進行することに対して「リーダーに支配される」，「負けてしまう」という恐れ
を抱きがちです。そうした場合，リーダーシップを取ってこの場を自分の支配下に置こう
とするのです。

　③よかれと思って熱心にアドバイスをしている
　中には，まったくの善意からアドバイスをする参加者もいます。こうした参加者の善

意はグループにとって有益ではありますが，Aさんのように周りから見て「おせっかい」と映るのには理由があります。きっとAさんは，人と人との境界線が曖昧，もしくは近すぎる方なのでしょう。そうした場合，グループ全体に境界線についての話題を振って説明しておくといいかもしれません。Aさんの「人の役に立ちたい」という前向きな思いを活かしながら，少しだけ方向修正をしてあげると良いですね。具体的な手法はA2およびA3でご紹介します。

A2　リーダーの自己開示を利用して介入をスタートする

A1のように概念化ができても，どう介入したらいいか迷ってしまいますね。リーダーもしくはコリーダーが（できればコリーダーが望ましい），「ちょっと待って，なんか緊張しちゃうなあ」とか「ぱっと切り替えるなんて……私もできてないですねえ」などと自分がグループの中で感じている緊迫感やプレッシャーのようなものを自己開示する形で割って入ってみましょう。スタッフ側が「Aさんそんな言い方はやめましょう」といった注意するような介入をすると，②「グループの場を支配したい」という背景を持つ参加者は，ますます「支配された！　応戦しなければ！」とガードを固くするはずです。それよりは，素朴なその場で沸き起こる感情を言葉にする，自己開示が安全です。「私たちもそこまではできないなあ」というメッセージを発することで，「できない自分を見せられる場」にすることもできます。そうすることで，他の緊張感を持っていた参加者たちも，「実は私も緊張していた……スタッフたちが気持ちを理解してくれた」と思えるはずです。

A3　Iメッセージで発言するというルールと境界線

A1のように自己開示することで，介入の糸口をつかんだら，すかさずこういう提案をしてみましょう。

「Aさん熱心なアドバイスをありがとうございます。私はこのグループでは，参加者同士が対等な関係でありたいと思っています。Aさんのように学習の進んでいらっしゃる方の体験談はとても役立ちますが，いつもアドバイスをする側とされる側が固定されると，どうしても上下関係が生まれがちです。とても役立った方法でも，一人ひとりの生活環境が違いますし，これまでの歩んで来た歴史も違いますね。だからなかなかアドバイスって難しいですよね。あくまで「私にはこれが役立ったんですよ」という「私」を主語にした体験談をお聞かせ願えればと思います。あくまで自分の体験として話すけど，それを取り入れるも，聞き流すもそれぞれの自由ということで，いかがでしょうか」

ここまで堅苦しい説明がかえって反発を招きそうなグループでしたら，十分にグループの前後などでAさんと雑談をした後に，冗談めかしてこのように言うのもいいかもしれ

ません。

「Aさんはカリスマ的な発言力がありますね。先に当てちゃうと皆が他の意見を言いにくくなるじゃないですか。だからあえて，最後の方に当てちゃいますね」

知的な問題が少し心配なグループの場合には，ホワイトボードに人と人の境界線を図示しながらでもいいかもしれません。発言内容は，参加者の性格やグループの性質によりますので，いろいろアレンジしてみてください。

case *9*　グループのワークについていけない　　中島美鈴

　グループの参加者のBさんは，たびたびワークでつまずいてしまいます。たとえば，認知再構成法を学ぶ時には，感情がよくわからない，自動思考がつかめないといったことです。そのため，落ち込んだり動揺したきっかけとなった状況を切り出すことが難しく，一人だけ進行についていけていないのですがどうしたら良いでしょうか？

A1　参加者の個性に応じた到達目標を事前に設定しておきましょう

　グループの1セッション目を始める前に，リーダーとコリーダーは参加者の情報を集めて，打ち合わせをしましょう。知的な能力，モニタリング能力，問題をどのくらい自覚できているか，動機付けなどについての情報から，この参加者の現状はこうで，グループ終了時までにこのぐらいまで変化することができそうだという見通しを立てるわけです。たとえば，知的に低く，感情のモニタリングのほとんどできない参加者で，グループには施設の職員に勧められて参加しているだけで，自分には何も問題がないと思っている参加者がいたとします。そうすると，スタッフ間で「この方がグループ終了の2カ月後までには，まず自分の置かれている現状を整理して把握して，うっすら自分の問題を認識できればOKかな」というように無理なく到達できそうなゴールを描くわけです。

　全体の到達目標が描けたら，今度は各セッションの前に，「このセッションでは，グループのほとんどの参加者が自動思考に気づくことを目指すけど，Bさんに関しては，感情語の一覧から自分の感情に近いものを選べるようになることを目標にしてみようか」とか，「Bさんがもし感情を同定できたら，その感情から持っていそうな自動思考をいくつかスタッフから選択肢として提案して，近いものを選んでもらおうか」などと打ち合わせます。この手順をスタッフ間で共有しておくことで，リーダーが全体を進行している間に，コリーダーがBさんに個別のフォローも行うことができます。

　同様に，ホームワークの設定も，個別で難易度を調整したり，介入範囲を減らしたり，微調整がしやすくなります。

　反対に，ワークが簡単すぎて，もっと応用する必要のある参加者もいます。ワークを早々に終えて，時間が余ってしまったり，自分の問題を解決するには，もう少しスキルを応用させる必要のある場合などがそうです。そうした参加者向けに，「上級目標」や「ステップアップ課題」を設定しておくと良いでしょう。

あとがき

藤澤大介

　認知行動療法（個人療法）が診療報酬収載されて10年が経ちましたが，医療現場で個人認知行動療法がなかなか普及しないことが，保健政策上の課題となっています。普及しない理由はいろいろあって，主に制度上の障壁が大きいと考えられていますが，それ以外にも，精神療法の共通要素が身についていないために患者さんとラポールが形成できなかったり，認知行動療法の基盤スキルが身につかないまま高度なスキルを適用しようとしてうまく使いこなせなかったりして，その結果，患者さんは治療から脱落してしまい，セラピストは認知行動療法に苦手意識を抱いてしまう，という問題が生じていると考えられています。

　一方，集団認知行動療法は，医療，福祉，教育，司法，産業などのさまざまな領域で，エビデンスに基づいた心理社会プログラムとして，着実に普及が進んでいるように見えます。しかし，集団認知行動療法にとっても，個人認知行動療法が抱える上述の課題は無縁ではありません。「第1部第1章　集団認知行動療法の治療者に求められるもの 」にも書きましたが，集団認知行動療法の「型どおりのやり方を一通り身につける」ことは比較的容易でも，より上のレベルを目指すには考慮すべき点がたくさんあります。それがきちんと整理されていないために，現在，現場で実践されている集団認知行動療法の質はピンキリで，中にはとても認知行動療法と呼べそうにないものもあるように思います（あくまで，何人かの患者さんを通じた筆者の個人的感想です）。

　個人認知行動療法でも集団認知行動療法でも，セラピストの成長に合わせて段階的にスキルを積み上げていく必要があり，そのためには，セラピストが，初級，中級，上級の各段階で身につけるべき具体的な行動目標が必要です。個人認知行動療法には「認知行動療法尺度」という世界共通の評価基準があり，厚生労働省の研修事業でも使用されていますが，集団認知行動療法においては，そのような明確な基準は世界的にも存在してきませんでした。

　そこで，本邦の集団認知行動療法の普及に大きく寄与してきた集団認知行動療法研究会から，集団認知行動療法のセラピストに必要な技能を整理し，それを客観的に評価できるツールを作成し，それによって，治療者の質の向上とそれに資する教育研修プログラムの作成を目指す声が上がりました（「本書の使い方」も参照のこと）。そのプロジェクト・チームのメンバーが，本書の編著者たちです。メンバーは沢山の話し合いを重ねながら，集団認知行動療法に必要な技能をリスト化し，さまざまな検証プロセスを経て，「集団認知行動療法治療者尺度」としてまとめました（その具体的なプロセスは「第1部第4章　集団

認知行動療法治療者尺度のエビデンス」に詳述しています）。そして最近はそれを研修で活用し，成果を報告しています。

　集団認知行動療法治療者尺度を広く世の中に伝える手段として，本書を刊行することにしましたが，集団認知行動療法のスキルアップには，さらに追記したほうがよい内容があると考えました。

　第一に，集団認知行動療法の対象となる病態の理解と，各病態に特有の問題への対処です。デイケアなどでは，様々な病態の参加者が一つのプログラムに参加していることが少なくありませんが，患者さんの各病態の認知モデルを理解し，それに基づいて治療プログラムを適用することが認知行動療法の本来のあり方です。そこで，本書では「第2部第6章　疾患別・分野別のグループのコツ」の中で，私が各分野のエキスパートと見込む先生方に，それぞれの分野の集団認知行動療法の"勘どころ"を，記述していただくことにしました。いただいた原稿は，各領域の集団認知行動療法に関するサイエンスとアートが織り交ぜられた素晴らしいものになっています。

　第二に，集団認知行動療法では，「ちょっと困った場面」をどう乗り切るかで，セラピストの力量を問われます。そういった「集団認知行動療法困りごとあるある」を，編著者の間でブレインストーミングし，それを「第2部第7章　集団認知行動療法においてよくある困りごとと解決例」としてまとめました。

　プロジェクトが開始から5年近い歳月を経て，こうして成果が世の中に出ていくことを大変ありがたく思います。第6章をご執筆いただいた諸先生方に，プロジェクトの背中を押してくださり，また，尺度の標準化の際にエキスパートとして評点してくださった，秋山剛先生はじめ集団認知行動療法研究会の幹事の皆様に，そして，日ごろは地理的にも領域的にもまったく別の場面で活動していながら，5年近くにもわたって一緒に活動を続けてこられた編著者の皆さんに，最後に，本書の出版を二つ返事でお引き受けいただいた金剛出版の中村奈々さんに，篤く感謝を申し上げます。

2021 年 4 月

【編著者略歴】

中島美鈴（なかしま・みすず）（公認心理師・臨床心理士）
九州大学大学院人間環境学府博士後期課程修了（心理学博士）。
現在は九州大学人間環境学研究院学術研究協力員／肥前精神医療センター
非常勤研究員。主な著書に「集団認知行動療法実践マニュアル」（星和書店），
「悩み・不安・怒りを小さくするレッスン―認知行動療法入門」（光文社）などがある。

藤澤大介（ふじさわ・だいすけ）（精神科医師・公認心理師）
慶應義塾大学医学部卒業。国立がん研究センター東病院医長，Massachusetts General Hospital
研究員などを経て，現在は，慶應義塾大学医学部准教授。
著訳書に「ワークで学ぶ認知症の介護に携わる家族・介護者のためのストレス・ケア：認知行動
療法のテクニック」（金剛出版），「子どもを持つ親が病気になった時に読む本」（創元社），「がん
患者のための個人精神療法：人生の意味に焦点を当てた精神療法」（河出書房新社）など。

松永美希（まつなが・みき）（公認心理師・臨床心理士）
早稲田大学大学院人間科学研究科修士課程修了（人間科学修士），広島大学大学院医歯薬学総合
研究科修了（医学博士）。現在は，立教大学現代心理学部心理学科教授。
著訳書に「うつ病の集団認知行動療法実践マニュアル：再発予防や復職支援に向けて」（日本評
論社），「周産期のうつと不安の認知行動療法」（日本評論社）などがある。

大谷 真（おおたに・まこと）（医師・公認心理師・臨床心理士）
東京大学大学院医学系研究科医学博士課程修了（医学博士）。
現在はNTT東日本関東病院心療内科チーフ。主な著書に「こころの健康づくり 社内研修ツール
企業に求められるメンタルヘルス対策」（労働調査会）（共著）などがある。

【各章執筆者一覧】（五十音順）

浅見祐香　（早稲田大学大学院人間科学研究科）

石川信一　（同志社大学心理学部）

岡田佳詠　（国際医療福祉大学成田看護学部）

加藤典子　（慶應義塾大学医学部精神・神経科学教室）

小林由季　（慶應義塾大学医学部精神・神経科学教室）

嶋田洋徳　（早稲田大学人間科学学術院）

巣黒慎太郎　（神戸女子大学文学部）

田島美幸　（慶應義塾大学医学部精神・神経科学教室）

長　徹二　（一般財団法人 信貴山病院ハートランドしぎさん 臨床教育センター）

平井　啓　（大阪大学大学院人間科学研究科）

吉野敦雄　（広島大学保健管理センター）

もう一歩上を目指す人のための
集団認知行動療法治療者マニュアル

2021 年 6 月 10 日　印刷
2021 年 6 月 20 日　発行

編著者　中島 美鈴・藤澤 大介・松永 美希・大谷 真
発行者　立石　正信
印刷・製本　三協美術印刷
装丁　臼井新太郎
装画　坂之上正久
株式会社　金剛出版
〒 112-0005　東京都文京区水道 1-5-16
　　　　　　　電話 03（3815）6661（代）
　　　　　　　FAX03（3818）6848

ISBN978-4-7724-1832-4　C3011　　　　　　　　　Printed in Japan ©2021

好評既刊

Ψ金剛出版　〒112-0005　東京都文京区水道1-5-16　Tel. 03-3815-6661　Fax. 03-3818-6848
e-mail eigyo@kongoshuppan.co.jp　URL https://www.kongoshuppan.co.jp/

ワークで学ぶ
認知症の介護に携わる
家族・介護者のためのストレス・ケア
認知行動療法のテクニック

［著］田島美幸　藤澤大介　石川博康

ご家族・介護者の方がこころの余裕をもって接することができれば，認知症当事者の方も幸せになるはずだ。苦しんでいることをお一人で抱え込まないように，本書では，認知症の正しい知識を習得し問題行動への対処法を検討しながら，介護者の方のこころの余裕やご自身の楽しみを取り戻せるようになることを目指していく。　　　　　　　　　　　　　　定価2,860円

強迫性障害の認知行動療法

［著］デイヴィッド・A・クラーク
［監訳］原田誠一　浅田仁子　［訳］勝倉りえこ　小泉葉月　小堀修

強迫性障害（OCD）は多種多様な症状が混在しつつ，しばしば慢性の経過をたどる非常に手ごわい疾患である。OCDの認知行動療法（CBT）は，OCDの認知的基盤に関する新たな理論と研究結果を活用して効果的な治療内容を示す。本書では，二つの重要な柱として，正常体験としても発生する強迫観念や強迫行為が，どのような場合に精神病理体験になるか，それが原因で苦痛や生活の支障が生じる場合，どのような治療が有効かという問題を道標とする。本書は，Aaron T. Beckから手ほどきを受けた著者の画期的な研究と実践の書である。　　　　　　　　　　　　　定価4,620円

事例で学ぶ統合失調症のための
認知行動療法

［編著］石垣琢麿　菊池安希子　松本和紀　古村健

妄想・幻聴・陰性症状に焦点化する「症状中心アプローチ」，研究と実践の往還を重視する「エビデンス・ベイスト・プラクティス」を両輪とする「統合失調症のための認知行動療法（Cognitive Behavior Therapy for psychosis：CBTp）」を探求し，実践経験の情報共有，スーパーヴィジョン，臨床研究協力を目的として結成された「CBTpネットワーク」。ひとつの到達点としての本書では，「早期介入・触法事例・地域支援」のケーススタディを通じて，CBTpのエッセンスを余すところなく解説する。　　　定価4,620円

価格は10%税込です。